영혼의 길, 부탄 히말라야

Bhutan Himalaya

거칠부 지음

KB095872

책구름

영혼의 길,
부탄 히말라야

초판 1쇄 발행 | 2023년 5월 31일

지은이 | 거칠부
펴낸이 | 정태준
편집 | 자현, 정태준
디자인 | 김주연
펴낸곳 | 책구름 출판사
출판등록 | 제2019-000021호
주소 | 전주시 덕진구 세병로184, 1302-1604
전화 | 010-4455-0429
팩스 | 0303-3440-0429
이메일 | bookcloudpub@naver.com
블로그 | blog.naver.com/bookcloudpub
카페 글비배곳 | cafe.naver.com/knowledgerainschool

©거칠부 2023
ISBN: 979-11-92858-04-3 (03910)

영혼의 길,
부탄 히말라야

일러
두기

1. 지명과 높이는 Himalayan Map House(Pvt. Ltd)의 Bhutan 지도를 우선하고, 일부 지명과
   높이는 부탄 국립공원의 안내판을 참고함.
2. 지도에 표시되지 않은 지명은 현지인의 발음에 따라 영문 표기함.
3. 본문의 라(La)는 고개를 뜻함.
4. *표시된 사진은 소남 예시(Sonam Yeshey) 또는 허순규 님이 제공한 사진임.

contents

Episode 01

안녕
부탄

Episode 02

스노우맨
트레킹

부록

파로 종의 야경

호랑이 둥지 탁상 곰파

타종에서 바라본 파로 시내

바람에 나부끼는 첼레 라의 흰 깃발

넬레 라로 향하는 말과 노새들

푸른 양의 천국, 블루 쉽 포인트

부탄의 울긋불긋한 가을

강라카충 라에서 타르초와 설산

웅장한 타리 강과 일행들

스노우맨 트레킹의 청록빛 호수

히말라야 사막을 걷는 말과 노새들

세카 라 가는 길에

와르탕으로 내려가는 길

쿠퉁 라를 향하며 *

부탄에서 가장 아름다운 푸나카 종

부탄 히말라야 파노라마가 보이는 도출 라에서

prologue

부탄 이야기를 시작하려면 6년 전으로 거슬러 올라가야 한다. 2017년 봄. 혼자 네팔 히말라야를 횡단(GHT, Great Himalaya Trail)하겠다고 5개월짜리 비자를 받았다. 네팔 동쪽부터 시작한 트레킹이 65일째 되는 날, 그때부터 부탄과의 인연이 시작되었다.

2017년 5월 2일. 나는 에베레스트가 있는 쿰부 지역의 조르살레(Jorsalle 2,740미터)에 있었다. 저녁을 먹으며 지도를 보는데 부탄이 눈에 들어왔다. 네팔에서 고생 중이면서도 부탄 GHT(스노우맨 트레킹, Snowman Trekking)가 궁금했다. 전에 모 일간지 기자가 그랬다. 한국 여행사들은 스노우맨 트레킹을 진행할 능력이 없으니 현지 여행사를 알아보는 게 좋을 거라고. 그래도 혹시나 해서 찾아봤더니 한국에 부탄 전문 여행사가 있었다. 나의 전화에 홍우석 대표님(히든항공여행사)은 당황한 눈치였다. 네팔이라며 다짜고짜 전화해서는 스노우맨 트레킹을 물어봤으니, 장난 전화로 오해할만했다.

그로부터 두 달을 더 걷고 나서 나는 기어코 네팔 히말라야 횡단을 마쳤다. 이후 파키스탄과 인도 히말라야까지 발을 넓혔다. 그러다 파키스탄 히말라야 횡단을 마치고 인도 히말라야를 걸으면서 불현듯 부탄이 생각났다. 2019년 내가 다시 연락했을 때, 홍 대표님은 나를 기억하고 있었다. 대표님은 팬심으로 기꺼이 도와주겠다며, 부탄의 모든 인맥을 동원해 스노우맨 트레킹을 준비하기 시작했다.

예상치 못한 복병이 생겼다. 2020년부터 시작된 코로나가 멈출 기미를 보이지 않았다. 예상했던 1년이 지나더니 결국 2년 이상 지체되었다. 부탄은 코로나 관련해서 다른 나라보다 더 엄격했다. 다른 나라들이 2022년 3~4월에 해외입국자의 자가격리를 해제했던 것과 달리, 부탄은 9월 말이 돼서야 풀렸다. 복병은 여기서 끝나지 않았다. 2022년 원화 가치가 급격히 떨어지고, 부탄 관광세가 1박당 65달러에서 200달러로 대폭 인상되었다(여행비 별도). 거기에 10명이었던 팀원이 7명으로 줄면서 1인당 부담액도 늘었다. 현지 여행사 말이, 스노우맨 트레킹은 보통 15명 이상이어야 해서 인원이 적은 우리 팀은 진행이 어렵다고 했다. 나는 점점 희망을 잃어갔다. 부탄이 외국인을 봉으로 보는 것 같아서 화도 났다. 히말라야 트레킹을 준비하면서 이렇게 힘들었던 곳이 있었던가. 스노우맨 트레킹을 포기하자는 말이 목구멍까지 올라왔다.

2년 넘게 준비한 홍 대표님도 속상하기는 마찬가지였지만 포기하지 않았다. 그는 우리의 2020년 예약을 증명하기 위해 까다로운 서류를 만들고, 부탄 관광청과 현지 여행사 등을 설득했다. 그 과정에서 부탄 출장을 두 번이나 다녀왔다. 그의 남다른 노력 끝에 우리는 2020년 당시 기준으로 관광세를 적용받을 수 있게 되었다. 그래도 일부 여행 경비는 인상된 기준이 적용되어 결과적으로 우리가 부담할 세금은 기존보다 높아졌다. 전에는 여행 기간에 따라 관광세가 달랐지만, 우리는 30일간

65달러의 관광세를 내야 했다. 그래도 하루 당 200달러가 아닌 것이 어디냐 싶었다. 그리고 2022년 9월 29일, 마침내 우리는 부탄으로 향했다. 부탄에서 우리를 배웅하고 싶다는 홍 대표님과 함께.

그간 내가 다녔던 히말라야에서는 사건·사고가 꼭 하나씩은 있었다. 워낙 오지로만 다녔던 터라 당연하게 여겼다. 뜻밖에도 부탄에서는 아무 일도 일어나지 않았다. 누구와도 갈등이 없었고, 누구도 다치지 않았고, 누구도 중도에 포기하지 않았다. 부탄 사람들의 환한 미소, 멋진 분들과의 동행, 훌륭한 현지 스태프들, 독특한 부탄의 히말라야까지. 감히 아름다운 여정이었다고 말할 수 있을 만큼 모든 것이 좋았다.

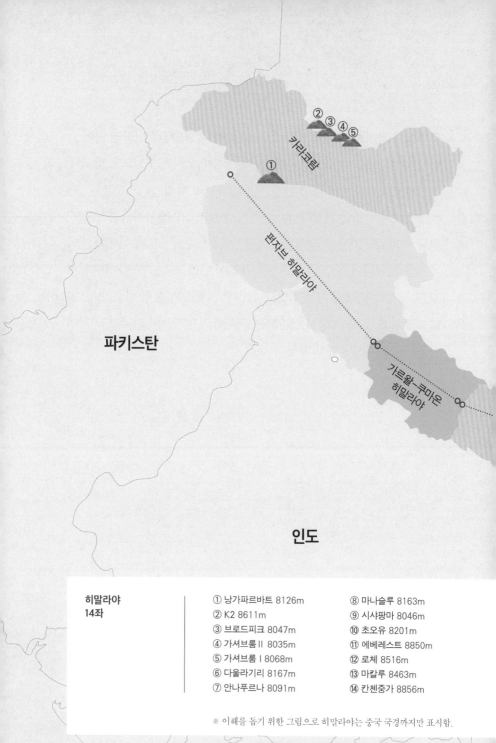

파키스탄

인도

히말라야
14좌

① 낭가파르바트 8126m
② K2 8611m
③ 브로드피크 8047m
④ 가셔브룸 II 8035m
⑤ 가셔브룸 I 8068m
⑥ 다울라기리 8167m
⑦ 안나푸르나 8091m

⑧ 마나슬루 8163m
⑨ 시샤팡마 8046m
⑩ 초오유 8201m
⑪ 에베레스트 8850m
⑫ 로체 8516m
⑬ 마칼루 8463m
⑭ 칸첸중가 8856m

※ 이해를 돕기 위한 그림으로 히말라야는 중국 국경까지만 표시함.

히말라야산맥과
부탄 히말라야

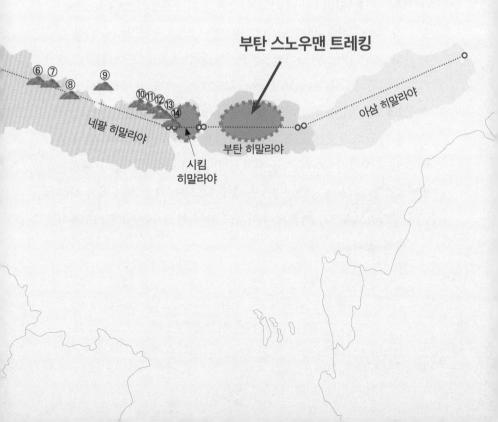

중국
(티베트)

부탄 스노우맨 트레킹

⑥ ⑦
⑧
⑨
⑩⑪⑫⑬
⑭

네팔 히말라야

아삼 히말라야

시킴
히말라야

부탄 히말라야

히말라야산맥과 부탄 히말라야

'눈의 거처'라는 뜻의 히말라야는 4500만 년 전부터 남쪽의 인도대륙과 북쪽의 유라시아대륙 충돌로 바다가 융기하면서 형성됐다. 히말라야산맥은 서쪽 인더스(Indus)강과 동쪽 브라마푸트라(Brahmaputra)강을 경계로 무려 2,400킬로미터가 쭉 뻗어 있다. 지구상에서 가장 높은 산맥이다. 파키스탄 낭가파르바트(Nanga Parbat 8,126미터)부터 티베트의 남차바르와(Namcha Barwa 7,762미터)까지, 북서쪽에서 남동 방향으로 활 모양을 그리며 뻗어 나간다. 이 젊은 산맥은 여전히 융기 중이다. 지금까지도 인도 쪽이 티베트 쪽을 매년 5센티미터씩 밀어 올리고 있다. 히말라야산맥은 1년에 1센티미터씩 높아지고 있다. 현재는 에베레스트(Everest 8,850미터)가 세계 최고봉이지만, 히말라야 서쪽 끝의 낭가파르바트가 빠르게 높아지고 있어 언젠가는 세계 최고봉이 바뀔 수도 있다.

히말라야는 극지방을 제외하고 세계에서 가장 큰 빙하지대와 그로 인해 생성된 깊은 골짜기가 있다. 인류 문명의 발상지였던 인더스, 갠지스(Ganges)와 브라마푸트라강이 히말라야에서 시작한다. 이 세 강의 유역에 세계 인구의 1/6이 살고 있다.

일반적으로 히말라야를 소개할 때는 파키스탄의 카라코람(Karakoram)산맥을 포함한다. 히말라야와 마찬가지로 유라시아 지각판의 충돌로 인한 조산운동으로 생겨났고, 지질학적으로도 같기 때문이다. 히말라야 8천 미터급 고봉 14개(이하 히말라야 14좌) 중 4개가 카라코람에 있다는 것도 중요한 이유다. 하지만 여기서는 편의상 카라코람을 제외하고 히말라야를 서쪽부터 6개 권역으로 나누었다.

1. 펀자브(Punjab) 히말라야

2,900킬로미터의 인더스강은 수계 대부분이 파키스탄 땅으로 흐르지만, '인도'라는 이름의 뿌리가 된 강이다. 이 강을 경계로 북동쪽은 카라코람산맥, 남쪽은 펀자브 히말라야다. 펀자브는 '다섯 강의 땅'이라는 뜻으로 인더스강 동부의 5개 지류(젤룸, 체나브, 라비, 베아스, 수틀레) 유역에 걸친 비옥한 평원지대를 말한다. 히말라야산맥 서쪽 끝에 있으며, 히말라야 14좌 중 낭가파르바트가 이곳에 있다. 북동쪽의 카라코람산맥에는 K2(8,611미터), 가셔브룸 I(Gasherbrum I 8,068미터), 가셔

브룸 II(Gasherbrum II 8,035미터), 브로드피크(Broad Pk. 8,047미터)
가 모여 있다.

펀자브 히말라야는 인더스강으로 나뉘는 카슈미르 지역의 서남단 히
말라야를 모두 포함한다. 지리적으로 인더스강과 수틀레지강에 의해
구획된다. 하지만 최근에는 영유권 분쟁으로 파키스탄령을 펀자브 히
말라야로, 인도령을 카슈미르 히말라야로 분류하기도 한다.

2. 가르왈-쿠마온(Garhwal-Kumaon) 히말라야

인도 히말라야로, 네팔 서부 국경인 칼리(Kali)강에서 인더스강의 지
류인 수틀레지(Sutlej)강 사이에 있다. 줌나(Jumna)강과 갠지스강, 여러
산이 시작되는 지역이라 힌두교에서 신성하게 여긴다. 이 지역에서 가
장 신성한 산은 티베트의 카일라스(Kailas 6,660미터)다. 시바 신의 옥
좌이자 세계의 중심이라 여겨지는 산이다. 인도에서 가장 아름다운 산
인 난다데비(Nada Devi 7,816미터)는 시바 신의 배우자인 파르바티 신
의 옥좌로 받들어진다.

가르왈-쿠마온은 히말라야 삼나무 숲과 꽃이 피는 초원이 있어, 히말
라야 지역 중 스위스 알프스와 가장 비슷하다. 아름답고 접근하기 쉬운
봉우리가 많아 일찍부터 등반이 시작되었다. 히말라야의 다른 지역과
달리 영국이 직접 지배한 곳이기도 하다.

3. 네팔(Nepal) 히말라야

네팔은 히말라야 전체 길이의 3분의 1을 차지한다. 히말라야산맥의 핵심 구간으로 에베레스트, 칸첸중가(Kanchenjunga 8,586미터), 로체(Lhotse 8,516미터), 마칼루(Makalu 8,463미터), 다울라기리(Dhaulagiri 8,167미터), 마나슬루(Manaslu 8,163미터), 안나푸르나(Annapurna 8,091미터), 초오유(Cho Oyu 8,021미터) 등 히말라야 14좌 중 8개가 있다(14좌 중 마지막 봉우리는 티베트의 시샤팡마(Shishapangma 8,046미터)로 네팔 국경에서 약 5킬로미터 떨어져 있다). 네팔은 히말라야를 품고 있는 나라 중 가장 인기가 많아 매년 많은 등반가와 여행자가 찾는다. 8천 미터 고봉의 베이스캠프를 중심으로 편의 시설이 잘 갖춰져 있는 편이다.

4. 시킴(Sikkim) 히말라야

부탄과 네팔 사이에 있는 곳으로 네팔과의 경계에 칸첸중가가 있다. 칸첸중가는 인도에서 하나뿐인 히말라야 14좌이지만, 인도 쪽 등반이 불가하다. 신의 영역이라 하여 정부가 등반 허가를 내주지 않는다. 시킴주는 오랫동안 독립적인 왕국이었으나, 현재는 인도로부터 일정한 자치권을 부여받고 있다.

5. 부탄(Bhutan) 히말라야

인도 시킴주 옆에 있는 곳으로 동쪽의 부탄왕국에 걸쳐 있다. 부탄은 시킴보다 4배가량 넓지만, 네팔의 1/3 정도에 불과하다. 남북 간 고도 차와 지형의 기복이 심하다. 몬순(계절풍)의 영향으로 비가 많이 내리고 숲이 울창해 외부에서 접근이 어렵다. 넓지 않은 지역이지만 7천 미터가 넘는 고봉이 15개나 된다. 대표적인 봉우리는 조몰하리(Jomolhari 7,326미터). 가장 높은 산은 강카르 푼섬(Gangkar Punsum 7,541미터)이다. 1983년 부탄 정부가 등반을 허용하면서 영국과 일본 등반대가 여러 차례 시도했으나 모두 실패했다. 세계적인 등반가 라인홀트 메스너 (Reinhold Messner) 역시 부탄에서 여러 번 등반을 시도했지만, 어떤 봉우리도 오르지 못했다. 부탄 히말라야는 네팔 히말라야보다 기후 변화가 심하고 혹독하기 때문이다. 부탄은 1994년 이후 종교적인 이유로 6천 미터 이상의 등반을 금지하고, 2003년부터는 모든 산의 등반을 허용하지 않고 있다. 현재 세계의 7천 미터급 고봉 중 등정하지 못한 곳은 부탄의 강카르 푼섬이 유일하다.

6. 아삼(Assam) 히말라야

인도 히말라야. 가장 동쪽에 있는 브라마푸트라강의 큰 굴곡부터 부탄의 동쪽 경계까지다. 최고봉은 남차바르와지만 중국령 티베트에 속한다. 이 지역은 몬순이 몰고 오는 많은 비를 정면으로 받아 열대성 숲이 우거져 있다. 히말라야에서 가장 나중에 탐사되어 다른 지역에 비해 덜 알려져 있다. 사람들이 편애하는 8천 미터 고봉도 없고 해발고도가 비교적 낮기 때문이다. 또한, 오랫동안 문화적 고립을 겪으며 정치적 긴장 역시 해소되지 않았다.

※『히말라야 도전의 역사 Fallen Giants』의 일부를 요약 정리함.

부탄 정보 일반

부탄(Kingdom of Bhutan)은 북으로는 중국 티베트, 동 · 서 · 남으로는 인도에 둘러싸인 작은 국가다. 히말라야산맥에 걸쳐 있으며 평균 고도가 2천 미터에 이른다. 부탄이라는 이름은 '티베트의 끝'이라는 산스크리트어 '보탄트(Bhot-Ant)'에서 유래되었다. '높은 땅'이라는 뜻이기도 하다. 즉 '티베트에서 온 사람들이 사는 높은 땅'이라는 의미다. 종카어로는 '용의 나라'라는 뜻의 드룩파(Drukpa)로 불린다. 수도는 팀푸(Thimphu)로, 1952년 3대 국왕이 트롱사(Trongsa)에서 지금의 수도로 옮겼다.

불교국가인 부탄은 종교가 생활이자 문화이다. 티베트 불교의 중심인 티베트보다 불교의 전통을 더 중시한다. 국기의 노란색은 왕실, 주황색은 불교를 상징할 정도로 불심이 깊다. 국기에서 용과 4개의 여의주는 부탄의 용맹과 나라의 부귀영화를 뜻한다. 여의주는 부탄에 불교를 전한 파드마삼바바(구루 린포체, Padmasambhava)가 숨겨둔 보물이라는 뜻이다. 부탄은 국민의 75%가 티베트 불교도이고 승려의 지위가 보장된다. 남쪽의 네팔계는 힌두교, 그밖에 기독교 등이 있다. 국민의 절반 이상이 농업에 종사하며, 그 외는 세상의 평화를 기원하며 평생 기도하는 라마승(승려)이다. 과거에는 아들 중 한 명은 반드시 출가시켰지만 현재는 많이 사라졌다.

1600년대 이전 부탄에는 중앙권력이 없었다. 각각의 왕이나 부족의 지도자가 지배했다. 17세기 나왕 남걀(Ngawang Namgyal)이 티베트군의 침략을 물리치고 지방의 부족들을 통일했다. 그는 스스로 '샵드룽(Shabdrung)'이라는 칭호를 붙였다. '모두가 발아래 엎드리는 자'라는 뜻이다. 샵드룽은 요새의 기능을 하는 종(Dzong)을 세우고, 행정과 율법의 이원 체계를 확립했다. 자신은 모든 수도원을 지휘하는 영적 지도자, 제켄포(Je Khenop)가 되었다. 하지만 1656년 샵드룽이 죽자 지방 영주들의 힘이 강해지면서 다시 심각한 불안에 빠졌다.

1907년 통사(현재의 트롱사)의 우겐 왕축(Ugyen Wangchuk)이 영국의 지원을 받아 지방 영주들을 통합했다. 이때 지금의 부탄 영토가 확정되고, 중앙집권적인 부탄 왕조가 시작되었다. 영국은 우겐 왕축을 국왕으로 공포하여 세계사에 이름을 알렸다. 부탄은 외교권을 영국에 양도하여 보호령이 되었지만, 인도처럼 영국에 착취당하지는 않았다.

1949년 영국에서 완전히 독립한 부탄은 현재 외교와 국방을 인도에 맡기고 있다. 경제적으로도 많은 부분을 의존하며, 수입품 역시 인도로부터 들여온다.

2대 왕 지그메 왕축(Jigme Wangchuck)은 중앙집권 국가를 만들었다. 3대 왕 지그메 도르지 왕축(Jigme Dorji Wangchuck)은 인도의 도움으로 근대화의 초석을 마련했다. 4대 왕 지그메 싱게 왕축(Jigme Singye Wangchuck)은 17세의 나이에 왕위를 물려받은, 세계에서 가장 어린 왕이었다. 진보적인 3대, 4대 왕은 오랫동안 닫혀있던 부탄에 화폐, 도로, 학교 등 현대 문물을 들였다. 4대 왕이 행복지수에 중점을 둔 것도 이때부터였다. 그는 전제군주제였던 부탄을 입헌군주제로 전환하고 51세에 스스로 아들에게 왕위를 물려주었다. 5대 왕 지그메 케사르 남겔 왕축(Jigme Khesar Namgyel Wangchuck)은 입헌군주제를 확립하고 선거를 실시했다. 이로써 부탄은 왕이 자발적으로 민주화를 이룩한 유일한 나라가 되었다.

부탄의 국토 면적은 남한의 40% 정도다. 인구는 약 78만 명으로 서울의 8% 수준이다. 히말라야 동쪽에 있는 부탄은 북에서 남까지 160킬로미터, 동에서 서까지 320킬로미터로 가파른 지형이다. 이러한 지리적 특성으로 빙하지대가 있는 북쪽은 냉대기후, 중부는 온대기후, 남쪽은 아열대~열대기후다. 몬순의 영향을 크게 받아 연간 강수량이 3천~5

천 밀리미터다(우리나라의 연평균 강수량은 약 1,300밀리미터다). 기상 변덕이 심한 편이며 여름에는 매일 비가 내린다. 시킴과 함께 다양한 생물의 보고로 불린다. 인구의 절반 이상이 농업과 목축업에 종사하지만 경작지는 전체국토의 7.8% 수준이며, 그나마도 3천 미터 이하 남쪽에 집중되어 있다.

세계에서 탄소 흡수량이 탄소 배출량보다 많은 나라는 부탄뿐이다. 환경을 먼저 생각한 부탄은 대규모 벌목을 금지하고, 한 그루의 나무를 베면 세 그루의 나무를 심도록 했다. 국토의 60% 이상이 산림으로 보존되어야 한다고 헌법에 명시돼 있어 70%가 산림이다. 이 중 43%는 국립공원(5곳)과 야생동물보호구역(4곳)이다. 부탄 내 인터넷은 50%, 휴대전화는 93%, 전기는 100% 보급되었다. 부탄은 특유의 가파른 지형과 풍부한 수량을 이용해 소규모 수력발전으로 전기를 생산한다. 생산된 전기는 부탄 내에서 풍족하게 사용하고, 나머지는 인도에 수출한다. 부탄 수출품 중 가장 큰 비중을 차지하여 40%나 된다. 화폐는 눌트럼(Ngultrum)으로 인도 루피(Rupees)와 1대 1 고정환율이다. 부탄의 도시에서는 인도 루피 사용이 가능하다.

부탄은 오랫동안 티베트, 중국, 네팔, 인도 등의 문화가 섞이면서 53종의 다양한 언어가 공존한다. 공용어인 종카어는 티베트 고어를 계승했지만 철자법은 부탄식이다. 학교에서는 종카어 외 다른 수업시간은 영어로 진행한다. 종카어가 어렵다 보니 젊은 층은 영어를 더 선호하는 편이다.

전통을 지키기 위해 부탄만큼 애쓰는 나라도 없다. 부탄에서는 모든 행정 서류를 종카어로 기재한다. 학교와 직장에서는 반드시 전통의상인 고(Gho, 남성용)와 키라(Kira, 여성용)를 입는다. 사원이나 관공서를 출입할 때도 마찬가지다. 새로 짓는 건축물은 재료, 색상, 구조, 창문 모양까지 전통적인 방식으로 짓는다. 어떤 건물도 종보다 높게 지을 수 없어 6층 이상의 건물이 없다.

부탄에도 사회불안이 존재했다. 부탄 남부에는 영국 제정시대 때 이주한 네팔 사람들이 모여 살았다. 불모지였던 부탄 남부를 개척하기 위해 네팔 동부에서 계약 노동자로 이주한 것이다. 1958년 부탄은 시민법에 따라 부탄에서 적어도 10년 이상 살았고, 자신의 땅을 가진 사람들에게 시민권을 주었다. 그러다 1962년 부탄 최초 경제 개발 계획이 실행되자 많은 일자리가 생기면서 네팔 사람들이 부탄으로 밀려들었다. 남부에 들어온 상당한 이주민들이 저임금 노동자로 생활하며 대규모 토목공사에 동원되는 등 부탄의 경제발전에 이바지했다. 살생하지 않는 부탄 사람들을 위해 돼지와 소를 도축하는 것도 그들의 몫이었다. 그러나 부탄의 지배계층은 네팔계를 부탄 국민으로 인정하지 않았다.

네팔계 부탄인들은 자신들의 입지를 넓히기 위해 민주화를 요구했다.

부탄은 1950년대 시킴과 티베트가 각각 인도와 중국에 합병되는 과정을 지켜보았다. 특히 시킴은 다수의 네팔계에 의해 인도에 합병되었다 (현재 티베트계 독립 국가는 부탄뿐이다). 제2의 시킴을 우려한 부탄은 1988년 네팔계를 강제로 축출했다. 부탄 정부의 종카어와 전통복장 강요도 네팔계의 반발을 일으켰다. 무력을 동반한 반정부 시위가 일어나자 부탄 정부는 그들을 추방했다. 그러나 여전히 인구의 30%는 네팔계이고, 전통 강요와 차별, 검열로 인한 갈등 역시 진행 중이다.

외국인은 1974년이 되어서야 부탄을 여행할 수 있었다. 부탄의 주력 산업 중 하나가 관광산업이지만, 모든 여행은 정부가 지정한 공식 여행사를 통해서만 가능하다. 현재 부탄의 1일 여행비는 관광세금을 포함해 400달러 이상이며 인원에 따라 차이가 있다(2022년 9월부터 관광세금이 1일 65달러에서 200달러로 인상되었다). 여행비에는 가이드, 운전기사, 차량, 3성급 호텔과 모든 식사가 포함되어 있다. 관광세금은 '지속가능한 개발비(SDF, Sustainable Development Fee)'라고 하여 부탄의 무상교육과 의료, 빈곤층을 위해 쓰인다. 부탄은 자유여행이 금지되어 패키지여행만 할 수 있다. 이렇게 제한하는 이유는 많은 관광객이 부탄의 문화와 환경에 좋지 않은 영향을 줄 수 있기 때문이다. 다만 관광객 수를 인위적으로 제한하지는 않는다. 기본적으로 여행비가 비싸다 보니 자연스럽게 조절될 뿐이다.

경제성장보다 국민의 행복을 우선하는 부탄은 국민총생산(GDP)이 아닌 국민총행복(GNH, Gross National Happiness)으로 평가한다. 국민총행복은 2008년 제정된 민주헌법에도 명시되어, 국왕 직속 기관인 국민행복위원회가 끊임없이 정책을 개발하고 있다. 현재 부탄은 모든 교육비와 병원비가 무료다.

이 같은 정책이 알려지면서 부탄은 '세계에서 가장 행복한 나라'라는 수식어가 생겼다. 하지만 2000년대 후반 텔레비전, 스마트폰 등이 들어오면서 부탄의 행복지수도 떨어졌다. 소득수준이 올라가자 빈부격차도 심해졌다. 극빈층은 드물지만, 도시의 화려하고 깨끗한 거주 여건과 달리 가난한 시골은 경제발전의 혜택을 받지 못했다. 유엔이 정한 최빈국 48개 나라 중 하나인 부탄은 여전히 의료, 교육, 교통, 도로 등 모든 사회 인프라가 부족한 편이다. 병원 대부분이 대도시에 몰려 있어 시골에서 병원에 가려면 며칠이 걸린다. 의사와 의료장비가 부족해 제때 치료받기 어렵고, 심각한 병에 걸리면 인도의 큰 병원으로 가야 한다. 교육도 마찬가지다. 시골 학교는 시설이 열악할 뿐만 아니라, 학교까지 걸어서 며칠이 걸리는 고산마을의 경우 배움의 공백이 생길 수밖에 없다. 중학교에 가려면 큰 마을의 친척 집에서 다녀야 한다.

부탄에 있는 대학은 5개 이하로, 수용인원이 적어 경쟁률이 높다. 많은 학생이 가까운 인도 대학으로 진학한다. 요즘은 태국, 호주, 미국, 캐

나다 쪽으로 많이 나간다. 영어가 유창해 어느 나라에서든 적응을 잘하다 보니 학업과 일자리 등으로 해외로 나가는 사람들이 증가하는 추세다. 현지인의 말에 따르면 해외로 나간 고급인력 중에는 돌아오지 않는 이가 많단다. 부탄 정부가 정확한 통계를 발표하지 않지만, 호주 서부 퍼스(Perth)에만 3~4만 명에 이르는 부탄 사람들이 모여 사는 것으로 추정한다. 부탄 인구의 약 5%에 해당하는 비율이며, 대부분 20대 중후반에서 30대 중후반 연령층이다. 특히 부탄 정부가 2022년 관광세를 인상하면서 더 많은 젊은이가 호주로 빠져나가는 실정이라고 한다. 관광객이 감소하면서 양질의 일자리 또한 줄었기 때문이다.

행복한 나라로 불리는 부탄은 의외로 자살률이 높다. 2009년부터 꾸준히 늘어 자살자의 70%가 청소년이나 청년들이다(2012년 세계자살률 22위). 전체 실업률이 2.5%지만 청년 실업률(15세~24세)은 12%로 월등히 높다. 고등교육을 받은 청년들이 제대로 된 일자리가 없어 마약 등 불법 약물에 빠지고, 미성년자들에게까지 번지는 추세이다. '세계 최초의 금연 국가'라지만 많은 이들이 불법 밀수로 담배를 구한다. 결혼이 쉬운 만큼 이혼도 쉬운 편이라 이혼율과 재혼율도 높다.

※ 부탄 일반 정보의 일부 내용은 『우리는 부탄에 삽니다』를 참고하여 정리함.

안녕
부탄

Bhutan Himalaya

Episode 01

부탄의 환영

출발 전부터 우여곡절이 많아서였을까. 인천공항에서 홍 대표님과 일행들을 만나면서도 설레지 않았다. 우리를 고생시킨 부탄이 여전히 괘씸했고, 그 작은 나라의 히말라야에 가겠다고 대출까지 받은 게 마음에 걸렸다. 별다른 수입 없이 지낸 시간이 9년째였다. 히말라야 횡단이고 뭐고 그만하고 싶었지만 차마 입 밖으로 낼 수 없었다. 우리를 배웅하겠다고 부탄까지 동행하는 이 앞에서 내가 무슨 말을 할 수 있으랴.

인천-델리 직항인 에어인디아와 델리-부탄의 드룩항공 일정이 맞지 않았다. 어쩔 수 없이 델리에서 이틀 밤을 보냈다. 델리 공항의 드룩항공 카운터는 4개뿐이었다. 그중 하나는 비즈니스석을 위한 것이라 한참을 기다렸다. 코로나 이후 부탄의 자가격리가 풀린 게 불과 출발 일주일 전인 9월 23일이었다. 그래서일까. 길게 늘어선 줄에 서양인들이 제법 보였다.

부탄행 비행기를 기다리는 동안 작은 깜짝쇼가 있었다. 같은 비행편으로 가는 부탄 국가대표농구팀이 우리를 환영해 주었다. 홍 대표님이 국가대표팀의 김기용 감독님과 호형호제하는 사이라 가능했다. 선수들은 우리에게 선수복과 전통 책갈피, 자필 엽서를 선물했다. 다 같이 단체 사진도 찍었다. 부탄에 도착하기 전부터 과한 환영에 괜히 머쓱했다. 그러는 동안 H님은 델리 공항에서 두 번이나 곤란한 일을 겪었다. 세관 체크에 걸려서 짐 전체를 검사받더니, 탑승 직전에는 배터리 문제로 또 불려 갔다. 다행히 큰 문제가 생기지 않아 10분 전에 탑승할 수 있었다.

우리 팀은 7명으로 모두 베테랑이었다. 부탄은 남다른 곳이라 다른 트레킹처럼 인터넷으로 동행을 구하지 않았다. 어렵게 가는 만큼 검증된 사람들이어야 했고, 반드시 완주해야 했다. 가장 연장자인 K님은 2018년 파키스탄 히말라야를 함께 했다. J님은 2022년 당시 히말라야에서 3개월째 같이 걷고 있었고, H님은 2019년 라다크에서 50여 일간 함께 한 분이었다. N님은 2019년 파키스탄에서 45일, 2022년 북인도에서 40여 일을 같이 걸었다. L님은 8년 전 유럽 몽블랑 트레킹부터 네팔, 파키스탄을 함께 한 지인이었다. 오직 S님만 처음이었다.

코로나가 터지면서 많은 사람이 여행을 취소했다. 우리는 일정이 길다 보니 1인당 계약금이 1500달러나 됐다. 하지만 누구도 여행을 취소하거나 계약금을 돌려달라고 하지 않았다. 나 역시 어차피 가기로 한 여행이니 출발일이 조금 미뤄진다고만 여겼다. 나중에 홍 대표님이 그랬다. 다른 사람들은 계약금을 돌려달라고 아우성치는데 우리 팀만 조용했다고. 그리고 믿어줘서 고마웠다고. 홍 대표님이 우리 팀을 아낌없이 지원해준 이유였다. 나는 이런 분들과 함께한다는 사실에 마음이 놓였다.

　파로(Paro) 공항은 부탄에 단 하나 있는 국제공항이었다. 산으로 둘러싸인 파로는 활주로가 좁아 이착륙이 까다롭기로 유명했다. 히말라야 특성상 오후에는 날씨가 좋지 않아 오전에만 운항했다. 공항은 아담했고 곳곳에 그려진 불교 관련 전통문양이 수를 놓은 듯 아름다웠다. 코로나 때 국립예술학교 학생들이 솜씨를 발휘했단다. 수화물이 나오는 곳은 단 두 곳뿐이어서 찾아다닐 필요가 없었다. 이민국 앞에 서면 지은 죄도 없이 긴장되는데, 부탄에서는 친절한 직원들의 태도에 환영받는 기분이었다. 공항을 나가자 먼저 도착한 홍 대표님과 가이드 소남 예시(이하 소남)가 기다리고 있었다. 홍 대표님은 환영 현수막까지 준비해서 우리를 놀라게 했다.

　파로의 리조트에 도착하자 소남이 모모(Momo, 만두)부터 꺼냈다. 파로에서 가장 맛있는 집에서 만든 거란다. 얼마나 맛있겠나 하면서 하나 집었는데 정말 맛있었다. 왠지 나는 부탄의 음식이 잘 맞을 것 같았다.

　어느 나라를 가나 호텔이나 리조트에서 손님의 짐을 나르는 건 남자들이었다. 부탄에서는 여자 직원들이 무거운 카고백을 방까지 가져다주었다. 나에게는 신선한 문화충격이었다.

부탄의 파로 국제공항

리조트 직원들과 함께

홍 대표님은 우리에게 하나라도 더 보여주려고 했다. 짐을 풀 겨를도 없이 상초코르 불교대학(Sangchoekor Buddhist College 2,800미터)으로 향했다. 우리를 태운 차는 구불구불한 길을 따라 산꼭대기로 올라갔다. 내려다본 파로는 명색이 국제공항이 들어선 지역인데도 시골스러웠다. 황금들판이 펼쳐진 모습이 우리나라 시골과 다르지 않았다. 높은 건물이 없어 편안해 보였고 노란색 들판은 따뜻하고 친근했다. 부탄에 도착한 지 이제 몇 시간이 지났을 뿐인데도 여기가 마음에 들었다. 탐탁지 않았던 부탄에 대한 마음도 누그러졌다. 모든 책에서 말하던 부탄만의 '어떤 느낌'을 어렴풋이 알 것 같았다.

서부 부탄의 중심인 파로에는 새로 짓는 건물이 제법 있었다. 특이하게도 부탄 사람들은 육체노동을 하지 않았다. 건설현장에 투입된 사람들은 모두 네팔계와 인도계였다. 인도 동북부보다 부탄에서는 2배에 가까운 임금을 받을 수 있다고 한다. 건축 노동자들은 숙련된 장인들로 부탄에서 돈을 벌어 자식들을 인도의 사립학교에 보낸단다.

저녁 무렵에 도착한 상초코르 불교대학은 네팔이나 라다크에서 보던 곰파(Compa, 절)와 비슷했다. 어느 곰파에서나 볼 수 있는 마니차(摩尼車)도 있었다. 마니차는 불경을 넣어 돌릴 수 있게 만든 원통으로 티베트 불교의 상징이다. 당시 글자를 모르는 사람들을 위해 만들어졌는데, 마니차를 한번 돌릴 때마다 경전을 한 번 읽는 것 같은 효과가 있다고 믿는다. 공부하는 스님들이 우리의 요청에 기꺼이 사진을 같이 찍어 주었다. 마당을 어슬렁거리던 소는 한입 베어 먹은 개복숭아를 덥석 받아먹었다. 이곳은 사람도 짐승도 경계심이 없어 보였다. 특히 부탄은 곳곳에 돌아다니는 개가 많았다. 대부분 들개로 사람들이 음식을 챙겨주고 정부는 광견병 백신 접종을 해준다. 개체 수가 너무 늘어 중성화 수술도 한다는데, 살생하지 않으려는 부탄다운 방법이다.

저녁을 먹으러 식당으로 가던 중 어느 상점에 들렀다. 수준급의 수공예품들을 둘러보는데 한 소녀가 배시시 웃으며 다가왔다. 소녀는 BTS(방탄소년단) 팬이라며 한국어도 곧잘 했다. 요새 부탄은 한류 영향이 대단했다. 부탄뿐 아니라 네팔과 인도에서도 그랬다. 그들은 한국 음식, 노래, 가수, 드라마, 영화에 열광했다. 게다가 부탄의 웬만한 가게에서는 불닭볶음면과 소주를 쉽게 볼 수 있단다. 한국인이라는 이유로 환영받는다는 것, 문화의 힘은 실로 대단했다. 우리는 기꺼이 귀여운 소녀와 사진을 찍었다.

예약된 식당에는 여러 음식과 소주, 홍 대표님이 특별히 준비한 송이버섯까지 있었다. 부탄이 송이버섯으로 유명하다는 것도 이번에 처음 알았다. 현지 여행사 사장인 필라는 고디셉(Gordyceps, 동충하초)을 넣은 술을 가져왔다. 그는 홍 대표님을 한국어로 '형님'으로 부르며 깍듯이 대했다. 이번에 서른 번째 부탄을 찾은 홍 대표님에게 부탄은 제2

의 고향이나 다름없었다. 부탄 상류층과의 인맥도 상당해 보였다. 음식은 우리 입에 잘 맞았고 술맛도 좋았다. 부탄에 도착한 첫날부터 이렇게 환영받다니. 우리는 그저 트레킹을 하러 온 사람일 뿐인데 홍 대표님과 필라 사장은 귀한 손님처럼 대접해 주었다.

배불리 먹고 마지막으로 파로 종(Paro Dzong)의 야경을 보러 갔다. 잔잔하게 흐르는 파로 강(Paro Chhu) 위로 파로 종이 우아하게 빛났다. 시간이 늦어 파로 종의 내부는 볼 수 없었지만 충분히 멋진 야경이었다. 파로 종은 1646년 부탄의 영웅 삽드룽이 외부의 침입으로부터 마을을 보호하기 위해 지은 요새로, 원래 이름은 '보석이 가득한 성'이라는 뜻의 '린첸풍 종(Rinchen Pung Dzong)'이었다. 1993년에 개봉한 키아누 리브스 주연의 영화 〈리틀 붓다(Little Buddha)〉의 무대이기도 하다. 도르제 스님(Lama Dorje)의 육신, 영혼, 말씀이 3명의 환생자에게 나타나는 마지막 장면에서 파로 종이 등장한다.

파로 상점에서 만난 부탄 소녀

호랑이 둥지 탁상 곰파

　고소 적응 겸 파로에서 가장 유명한 탁상 곰파(Taktsang Gompa 3,140미터)로 향했다. 홍 대표님의 지인인 소남 왕모도 함께 했다. 그녀는 부탄에서 선망하는 직장인 드룩항공 직원이었다. 절벽에 있는 탁상 곰파는 540미터를 올라야 했다. 왕복 4~5시간 걸리는, 산행이 처음이면 힘들 곳이었다. 말을 타고 가는 방법도 있지만 대부분 걸어서 갔다. 날씨 변덕이 심해 탁상 곰파에 갈 때는 우산을 챙긴다는데 우리는 운이 좋았다. 내내 화창했다. 나무 사이로 탁상 곰파가 보였다. 열심히 사진을 찍을 때마다 홍 대표님은 소용없을 거라고 했다. 실제로 위로 올라갈수록 사진 찍을 곳이 많았다. 홍 대표님의 추천으로 카페테리아(2,940미터)에도 잠시 들렀다. 비록 인스턴트커피지만 탁상 곰파를 보기에 그만이었다. 리모델링해서 안팎으로 깨끗한 것도 좋았다.

　탁상 곰파는 '호랑이가 둥지를 튼 사원'이라는 뜻이다. 747년 파드마삼바바가 암호랑이를 타고 히말라야를 넘어 이곳으로 왔다. 그는 동굴에서 3개월간 명상하며 악령들을 쫓아내고 부탄에 불교를 전했다. 이후 탁상 곰파는 부탄 전역에서 찾아오는 최고의 성지가 되었다. 사람들은 히말라야 지역(부탄, 인도, 중국, 몽골, 네팔)에 불교를 전파한 파드마삼바바를 제2의 부처로 여겼다. 다른 사원에서 몇 달 동안 명상하는 것보다 탁상 곰파에서 1분 명상하는 것이 더 큰 축복을 준다고 믿는다. 특히 길일에 방문하면 공덕이 풍성하게 쌓인다고 한다.

파로 계곡(Paro Valley)의 900미터 절벽에 자리 잡은 탁상 곰파는 여느 관광지와 달랐다. 저 높은 곳까지 나무와 흙을 지고 다녔을 사람들이 보이는 듯했다. 인간에 대한 경외심이 들었다. 기대하지 않으니 기대 이상이 주어졌다. 아무리 유명해도 관광지에 관심 없던 나였지만, 탁상 곰파를 보는 순간 뭔가 훅 들어왔다. 이곳까지 힘들게 올라올 이유, 경제적으로 여유가 있다면 다시 오고 싶은 마음 같은 것들이 휘몰아쳤다.

탁상 곰파 앞은 사람들로 붐볐다. 경찰들은 순례자와 관광객들에게 카메라와 휴대전화를 입구에 보관하도록 했다. 모자와 선글라스도 벗었다. 외국인은 긴 소매와 긴 바지를, 부탄 사람들은 전통복장을 입어야 했다. 같이 온 소남 왕모도 키라로 갈아입었다. 계단을 올라가자 동자승이 밀크티를 나눠주었다. 우리는 거기에 자우(Zaw)라는 튀긴 쌀을 섞어 먹었다. 생각보다 맛이 좋아 한 잔 더 마셨다.

소남이 우리를 데려간 법당에는 모두 파드마삼바바가 모셔져 있었다. 그는 나에게 팀의 안전을 위해 기도하기를 권했다. 법당에 모셔진 분이 파드마삼바바든, 부처든, 예수든, 알라든 기꺼이 그럴 마음이었다. 나는 법당 세 곳에서 모두 삼배를 올렸다. 불자가 아니어도 절을 하고 나면

때때로 울컥한 마음이 들었다. 절은 인간이 할 수 있는 행위 중 자신을 가장 낮추는 자세다. 나를 완전히 낮추었을 때 비로소 가벼워졌다. 몇몇 일행도 같이 삼배했다. 그러고 보니 히말라야 트레킹을 하면서 일행들과 같이 절을 하기는 처음이었다. 종교와 신념을 떠나 존재하는 모든 신을 인정하고 경배하는 마음이 좋았다.

소남과 소남 왕모는 탁상 곰파의 모든 법당에서 절을 했다. 부탄 사람들은 자신을 위해 기도하지 않는다. 세계평화와 자연을 위해 기도한다. 문득 하루를 기도로 시작해도 좋겠다는 생각이 들었다. '감사합니다' 이 한 마디로 시작하면 하루가 벅찰 것 같았다.

탁상 곰파 가는 길에 있는 카페테리아

절벽 위에 지어진 탁상 곰파

점심 먹으러 가는 길에 활 쏘는 사람들을 보았다. 활쏘기는 부탄의 국민 스포츠로 다체(Datse)라고 한다. 무려 140미터 거리에서 쏜다. 부탄의 역사에서 활과 화살은 전쟁과 사냥에서 중요한 수단이었고, 신화와 전설에서 꼭 등장하는 상징적인 존재였다.

우리는 식사나 숙박을 제공하는 부탄의 농가 '팜 하우스(Fam House)'로 향했다. 마당에 들어서자 개 2마리가 사납게 짖어댔다. 마당 안쪽에는 오래된 농기구가 있었다. 우리의 옛날 농기구와 비슷했다. 외국인 손님들을 위해 일부러 전시한 듯했다. 우리는 2층으로 올라가 마룻바닥에 둥글게 앉았다. 히말라야의 모든 나라를 다녀봤지만, 부탄만큼 우리와 닮은 민족도 없었다. 일단 생김새부터가 구분하기 힘들었다. 한국인들은 동아시아에서도 키가 크고 잘생긴 편인데, 부탄 사람들도 그랬다.

우리 못잖게 매운 음식을 좋아하는 그들은 다양한 고추를 심었다. 고추 생산량이 연 1만 톤에 이른다. 지붕 위에 널어놓은 고추를 보면 영락없이 우리의 시골이었다. 거의 모든 음식에 고추가 들어가다 보니 서양인들은 처음에 적응하기가 쉽지 않단다. 홍 대표님 얘기를 들어 보면 술을 마시는 문화도 비슷했다. 3차까지 이어지는 술자리와 술을 권하는 문화가 부탄에도 있었다. 부탄의 '아라(Ara)'는 우리네 전통 소주와 비슷했다. 쌀로 만든 술을 증류한 것인데, 막걸리를 증류해서 만들었다고 보면 된다. 사실 아라와 모모, 뚝바(Thukpa, 칼국수), 뗀뚝(Tentuk, 수

제비)은 모두 티베트의 영향을 받은 것이다. 같은 문화권인 인도 북부와 네팔 북부에서도 흔히 볼 수 있는 음식이다.

농가의 음식은 깔끔하고 맛이 좋았다. 우리는 여러 음식 중 특히 매운 에제(Azey)를 좋아했다. 에제는 잘게 자른 마른고추와 양파, 토마토, 치즈 등을 넣은 것으로 양념장과 비슷했다. 감자와 치즈로 만든 케와 다찌(Kewa Datshi), 고추와 치즈로 만든 에마 다찌(Ema Datshi)도 좋았다. 다찌는 치즈와 함께 버무린 부탄 전통음식이다.

부탄은 어느 집이건 가장 좋은 방에 불당을 차린다. 불상을 두기 위해 마련한 제단을 체샴(Cheosham)이라고 한다. 제단은 작은 부처상과 부처님 탱화, 구루 린포체의 그림으로 꾸민다. 아침마다 올리는 공양물은 물이다. 물은 순수하고 보편적인 공양물로 부자와 가난한 자를 가르지 않는다. 집안의 불당은 '푸자'를 하는 곳이기도 하다. 승려들이 기도해 주는 일종의 예배의식으로, 무언가 새로 시작하거나 끝낼 때 승려를 불러 기도를 드리는 일이 일상적이란다. 푸자는 악령을 쫓기 위해서도 필요해서 부탄 사람들에게는 매우 중요한 의식이다.

점심을 먹고 타종(국립부탄박물관, Tadzong)으로 향했다. 1649년 무방비 상태의 파로 종을 보호하기 위해 세워진 타종은, 1968년 국립박물관을 수용하기 위해 개조된 탑과 같이 있었다. 2011년 지진의 피해가 있었지만 2019년 부탄 최고의 박물관으로 재개관했다. 우리가 갔을 때는 문이 닫혀있었는데, 대신 풍광이 최고였다. 타종 아래로 파로 종과 함께 파로 시내가 한눈에 들어왔다. 모르긴 몰라도 파로를 볼 수 있는 가장 근사한 전망대였다.

부탄에는 18세기 무렵에 지은 종(Dzong)이 열아홉 개가 있다. 요새와 사원 역할을 동시에 했던 종이 오늘날에는 정부청사나 종교지도자가 머무는 곳으로 사용된다. 티베트 불교의 영향을 받은 부탄은 사찰을 가리키는 다양한 표현이 있다. 네팔이나 라다크는 곰파로 부르지만 부탄은 종, 라캉(Lhakhang), 곰파로 나누어 역할을 구분한다. 종은 요새의 역할이 강해 높은 성벽과 진입하기 어려운 곳에 지어졌다. 라캉은 법당, 사찰을 뜻하며 일반인에게 개방된다. 보통 마을 가까운 곳에 있다. 곰파는 종이나 라캉에 비해 깊은 계곡이나 접근이 어려운 곳에 있는 사원을 뜻한다. 곰파 자체가 '고독한 은둔자'라는 뜻을 담고 있다.

리조트의 마지막 저녁 식사는 진수성찬이었다. 부탄에서는 보기 힘들다는 생선요리에 맛과 향이 좋은 복숭아 와인도 나왔다. 부탄에 머문지 이제 이틀인데, 모든 게 만족스러웠다. 사람들은 친절하고 안정돼 보였고 도시는 깨끗했다. 내가 다녔던 히말라야 어디에서도 이렇게 좋은 숙소와 맛있는 음식, 수준 높은 서비스를 받아본 적이 없었다. 부탄에서는 뭐랄까. 제대로 대접받고 환영받는 기분이었다. 홍 대표님이 얼마나 꼼꼼하게 준비했는지 알 것 같았다. 어느 나라에서든 관광이나 쇼핑에 관심이 없었기에, 그동안 히말라야 트레킹에 관광 일정을 거의 넣지 않았다. 그런데 부탄을 경험해 보니 편안한 숙소에서 맛있는 음식을 먹는 여행도 괜찮았다. 특히 우리가 머물렀던 리조트라면 일정 내내 머물며 휴식해도 좋을 듯했다.

부탄 농가에서 먹은 점심

스노우맨 트레킹

Bhutan Himalaya

Episode 02

히말라야의 수수께끼

히말라야산맥은 서쪽 파키스탄부터 인도, 네팔, 부탄으로 이어지는 장대한 산맥이다. 이들 나라에는 유독 어렵고 힘든 트레킹이 있다. 파키스탄에는 히말라야 최고의 오지인 '낭가파르바트 어라운드(30일)', 북인도에는 5천 미터 전후의 고개를 열세 개 넘는 '라다크 잔스카르-창탕 고원 트레킹(50일)', 네팔에는 5천 미터가 넘는 세 개의 고개, 세 개의 봉우리, 세 개의 베이스캠프를 연속으로 지나는 '쿰부 트레킹(20일)'이 있다. 부탄에는 국토의 3분의 2를 지나는 '스노우맨 트레킹(30일')이 대표적이다. 모두 세계에서 가장 도전적인 장거리 트레킹으로, 보통의 트레커들은 엄두도 내지 못할 만큼 난도가 높다. 기본적으로 풍부한 고산 트레킹 경험이 필수라서 일부 현지 여행사는 경험을 증명할 서류를 요구하기도 한다. 더불어 오랫동안 걸을 수 있는 체력과 끈기, 충분한 시간과 여행경비가 필요하다.

스노우맨 트레킹의 '스노우맨'은 히말라야의 수수께끼 동물로 알려진 '예티(Yeti, 설인)'를 뜻한다. 히말라야 오지에 사는 예티는 키가 2미터가 넘는 유인원으로 지능이 높고 힘이 세지만, 수줍음이 많아 인간과의 접촉을 꺼린다. 히말라야의 깊숙한 곳을 걷다 보면 간혹 눈 위에 찍헌 큰 발자국을 만나는데, 현지들은 예티의 발자국이라 믿는다.

2022년 스노우맨 트레킹 I · II 완주자는 131명뿐이다. 에베레스트를 등반한 사람보다 완주자가 적을 정도로 소수만 도전한다. 아무리 히말라야 트레킹 애호가라도 부탄까지 다녀온 사람은 많지 않다. 그중 스노우맨 트레킹까지 아는 이는 극히 드물다. 스노우맨 트레킹은 부탄의 여러 코스 중 가장 높고 긴 코스다. 4,500미터 전후의 고개가 열여섯 개라 전체적으로 부침이 심한 편이다. 걷는 동안 많은 시간을 4천 미터 이상의 고지대에서 보내고, 일부 야영지는 5,300미터가 넘는 곳에 있다. 트레킹 기간만 최소 20~26일 소요되어 상당한 체력과 인내가 있어야 한다.

스노우맨 트레킹의 모든 코스는 유목민과 지역 주민이 다녔던 길이다. 기본적으로 중국 티베트와의 국경을 따라가며 북서부의 파로, 팀푸, 가사(Gasa), 푸나카(Punakha), 왕두에(Wangdue) 지역을 통과한다. 수도인 팀푸의 남서쪽에서 시작해 다양한 생물이 서식하는 지그메 도르지 국립공원(Jigme Dorji National Park)을 시계 방향으로 돈다. 부탄은 어느 나라보다 자연보전과 야생동물 보호에 힘쓰는 곳이다. 걷는 동안 원시의 자연과 더불어 방목하는 야크(Yak, 4천~6천 미터 고지대에 사는 소과 동물)떼와 유목민의 야영지, 고립된 농경지와 목가적인 풍경, 수십 마리의 히말라야 푸른 양(Blue Sheep)을 가까이에서 볼 수 있다.

트레킹은 거리와 난도에 따라 2개의 코스로 나뉜다. I 코스는 파로에서 트롱사(Trongsa)까지, II 코스는 붐탕(Bumthang)까지다. 대부분은 약 300킬로미터 여정의 I 코스로 진행한다. II 코스는 약 350킬로미터에 달하며, 많은 고개를 넘어야 해 완주하는 팀이 드물다.

부탄은 8천 미터급 고산은 없지만 7천 미터급 봉우리가 끊임없이 솟구치는 곳이다. 트레킹 중에 조몰하리, 지추 다케(Jichu Drake 6,794미터), 강카르 푼섬, 마상강(Masan Gang 7,194미터), 타이거 마운틴(Tiger Mountain 7,094미터) 등의 고봉을 볼 수 있다. 루나나(Lunana) 지역은 부탄에서 가장 높은 마을로 부탄 영화 〈교실 안의 야크〉의 촬영지다. 트레킹 마지막 구간에는 치유의 온천 두르 사추(Dur Tsachu)를 만난다. 여러 날 쌓인 피로를 해소할 수 있어 이날만큼은 휴양지 느낌을 만끽할 수 있다.

핵심 구간만 짧게 돌아보는 스노우맨 트레킹도 가능하다. 부탄 히말라야의 진수를 볼 수 있는 라야(Laya 3,922미터)에서 트롱사 구간이 가장 좋고, 기간은 10일 정도면 된다.

스노우맨 트레킹은 1년 중 단 몇 개월만 걸을 수 있다. 적당한 시기는 3~5월, 9~10월로 평균적으로 낮 기온 10~20도 밤에는 영하 5~10도까지 내려간다. 가장 좋은 때는 10월 중순까지인데, 최근 우기가 길어지는 추세여서 10월 초에도 며칠은 궂은 날씨가 이어진다. 꽤 많은 길이 진흙탕이라 현지 스태프들은 무릎까지 오는 장화를 신고 걷는다.

모든 짐은 노새와 말의 몫이다. 스태프들은 짐을 짊어지지 않는다. 중요한 짐은 대형 비닐에 넣은 후 다시 자루에 넣어 운반한다. 텐트를 비롯해 현지에서 제공하는 모든 장비는 잘 관리되는 편이다. 히말라야의 다른 지역보다 스태프들의 자부심과 책임감이 강하고 친절하다.

부탄은 똑똑하고 유능한 이들이 가이드를 하며 대개는 프리랜서로 일한다. 일반 가이드의 경우 시험, 연수 등의 과정만 거치지만, 트레킹 가이드는 트레킹 경험이 추가로 필요하다. 그중 스노우맨 트레킹 가이드는 더 많은 경험이 요구된다. 한 달 가까이 걷는 일이 시간상, 체력적으로 쉽지 않아 웬만해서는 일반 가이드로 만족하는 게 현실이다. 사정이 이렇다 보니 스노우맨 트레킹 가이드의 인건비는 히말라야 전역에서 가장 높다. 파키스탄, 인도, 네팔 지역의 히말라야 가이드가 하루 20~30달러의 인건비를 받는다면, 스노우맨 트레킹 가이드는 100달러를 받는다. 참고로 부탄의 일반 공무원과 교사의 월급이 300달러 정도다.

히말라야라고 하면 많은 이들이 설산을 떠올리지만, 히말라야는 지역에 따라 저마다 다른 매력이 있다. 서쪽과 동쪽이 다르고 위와 아래가 다르다. 서쪽에 황량한 산과 설산, 빙하가 있다면 동쪽은 정글과 눈 덮인 산이 조화를 이룬다. 부탄의 히말라야는 맹렬하게 살아 있으면서도 보호되고 정돈된 느낌이다. 어쩌면 히말라야 지역에서 함부로 파헤쳐지지 않은 몇 안 되는 곳일지도 모른다.

* 엄밀히 말하면 히말라야 트레킹 최상급 난도는 네팔 히말라야의 마칼루 3패스다. 이스트콜(East Col 6,180미터), 웨스트콜(West Col 6,135미터), 암푸랍차라(Amphu Labtsa La 5,780미터)는 모두 암·빙벽 장비와 전문 등반 가이드가 필요한 곳이다. 등반에 비하면 기술적 난도가 낮아 일반 트레커도 스태프의 도움을 받아 넘을 수 있다. 하지만 일반적인 코스가 아니어서 여기서는 제외했다.

마사 강
7194m

센다 강
7100m

타리 강
7300m

세자 강
6833m

로부탕
4160m

리미탕
4163m

라야
3922m

로도푸
4270m

나리탕
4911m

타리나
4099m

신체 라 5015m

람탐 라 4906m
수모 라 4878m

강라카충 라
5120m

워쳐
3911

자레 라 4785m

쇼무탕 4220m

강라카충
6395m

가사

곰부 라 4440m

체비사 3990m

고율 라 4060m

세림 캉
6789m

링시 4010m

지주 다케
6794m

넬레 라 4880m

조몰하리
7326m

장고탕 4106m
(조몰하리 BC)

푸나카

탕탕카 3618m

팀푸

사나 2892m

파로

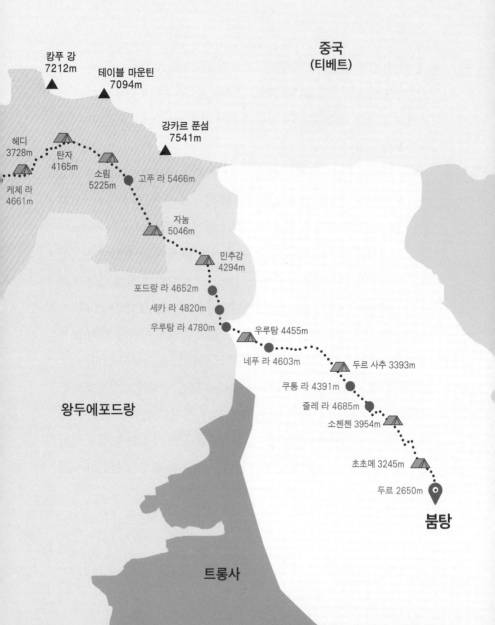

부탄 스노우맨 트레킹

중국 (티베트)

캉푸 강 7212m

테이블 마운틴 7094m

강카르 푼섬 7541m

헤디 3728m

탄자 4165m

케체 라 4661m

소림 5225m

고푸 라 5466m

자눔 5046m

민추강 4294m

포드랑 라 4652m

세카 라 4820m

우루탕 라 4780m

우루탕 4455m

네푸 라 4603m

두르 사추 3393m

쿠통 라 4391m

줄레 라 4685m

소첸첸 3954m

초초메 3245m

두르 2650m

붐탕

왕두에포드랑

트롱사

바람의 고개 첼레 라

트레킹 시작 첫날. 시작지점인 두르겔 종(Drukgyel Dzong)에서 야영지까지 버스로 이동했다. 원한다면 걸어도 되지만 요즘에는 그런 팀이 거의 없단다. 대신 홍 대표님이 추천한 첼레 라(Chele La 3,780미터)에 가보기로 했다.

버스를 타고 구불구불한 산길을 올랐다. 고갯마루에 가까워지자 산을 덮은 흰 깃발이 장관이었다. 바람에 나부끼는 깃발 소리가 아우성처럼 들리기도 했다. 흰 깃발은 죽은 자를 추모하기 위한 '마니다(Manidhar)'였다. 마니다와 룽따(Lungta)는 경전이 적힌 한 폭의 긴 깃발이라는 점에서 비슷하면서도 달랐다. 룽따는 달리는 말의 그림과 함께 경전이 적혀 있지만 마니다에는 오로지 '옴마니밧메훔'이라는 경전뿐이었다. 나부끼는 마니다 뒤로 하얀 산이 보였다. '성산의 여신'이라는 뜻의 조몰하리였다. 소남은 며칠 뒤면 우리가 저 산 아래 있을 거라고 했다.

첼레 라 정상에는 룽따와 타르초(Tarcho, 경전이 적힌 오색깃발로 만국기 형태다), 마니다가 어마어마했다. 대부분 흰 깃발이었다. 흰 깃발이 지난겨울에 돌아가신 엄마를 생각나게 했다. 그리 살가운 딸도 아니었으면서 엄마를 생각하면 눈물이 났다. 사람들의 추모와 염원이 모인 고개에는 바람이 경전을 읽어 주는 소리가 사방에서 들렸다. 혼자였다면 조몰하리를 바라보며 바람과 함께 나무처럼 서 있었으리라. 왠지 이곳이 마음에 들었다. 나는 나부끼는 깃발을 따라 더 안으로 들어갔다.

부탄에서 시간은 돌고 돈다. 태어나고 다시 태어나고, 끝없이 순환한다. 그들에게 삶은 이전부터 이어진 것이다. 죽음은 다음 생을 위해 통과하는 과정이자 새로운 삶으로 갈아입는 옷이다. 전생과 환생을 믿는 그들처럼 나도 그랬다. 왠지 이전의 삶이 있었던 것 같고, 왠지 나중의 삶이 다시 이어질 것만 같다. 누군가의 죽음을 보면 이번 생의 과제를 마쳤구나 싶다. 이번 생에서 나의 과제는 떠돌며 부닥치는 것일지도 모른다. 내가 무엇을 하고, 어디에 살고, 어떤 늙음을 맞이할지 몰라서 좋다. 한 가지 바람이 있다면 히말라야 기슭을 원 없이 떠돌았으면 하는 거다. 그러다 나의 과제를 마치는 날 조용히 연기가 되고 싶다. 다시 태어나는 건 걱정하지 않는다. 기억하지 못할 전생을 미리 걱정할 필요는 없으니까.

저녁 무렵 첫 야영지인 사나(Shana 2,892미터)에 도착했다. 야영지에는 이미 텐트가 설치되어 있었다. A텐트(A모양의 텐트)는 혼자 지내기에 딱 좋은 크기였다. 텐트 안에는 두툼한 매트리스와 카펫이 단정하게 깔려 있고, 심지어 베개도 있었다. 여러 나라의 히말라야에 다녔어도 베개를 주는 곳은 처음이었다. 주방 텐트에는 식자재가 종류별로 깔끔하게 정리돼 있었고, 식당 텐트 역시 호텔처럼 세팅돼 있었다. 그동안 히말라야에 다니면서 스태프들의 너저분한 모습에 익숙했던 내게는 꽤 놀라운 장면이었다.

홍 대표님은 텐트를 비롯한 장비를 확인하고 우리와 마지막 인사를 나누었다. 히말라야 트레킹에서 시작점까지 배웅하는 사람은 홍 대표님밖에 없었다. 애정이 있어도 쉽지 않은 일이었다. 몇 년간 애쓰신 홍 대표님을 생각해서라도 이번 트레킹을 잘 끝내고 싶었다. 누구도 다치지 않고도, 누구도 미워하지 않고, 누구도 포기하지 않기를 바랐다.

부탄의 계단식 논

죽은 자를 추모하는 깃발과 조몰하리

진흙탕 길도 괜찮아

첫날부터 비를 맞고 출발하다니 느낌이 썩 좋지 않았다. 부탄 히말라
야의 저지대는 우거진 숲이라 꽤 더웠다. 얼마 걷지도 않았는데 벌써 땀
이 났다. 비옷을 벗고 우산을 썼다. 히말라야에서 눈이나 비가 올 때 의
외로 우산이 요긴했다. 카메라를 보호하는 데도 좋았다. 우리는 3대 왕
의 이름을 딴 지그메 도르지 국립공원으로 들어섰다. 소남은 미끄러울
수 있으니 조심하라고 신신당부했다. 그도 그럴 것이 시작부터 진흙탕
길이었다. 고사리처럼 생긴 이끼와 실처럼 생긴 이끼가 나무를 잔뜩 덮
었다. 나무와 한 몸이 된 이끼는 나무보다 도드라져 보였다.

걷는 내내 비가 오락가락했다. '런치보이'라고 부르는 장포 아저씨와
카르마가 금방 우리를 따라잡았다. 파키스탄과 인도에서 받은 점심 도
시락은 삶은 감자와 달걀, 비스킷, 차파티(Chapati, 발효되지 않은 밀가
루로 만든 납작한 빵), 주스, 약간의 과일 정도였다. 부탄은 요리사가 새
벽부터 준비한 음식을 스태프 두 명이 보온 통에 넣어, 낮 동안 지고 다
녔다. 10시 반이나 11시가 되면 주스를 주고, 12시 전후가 되면 적당한
장소에서 음식을 풀었다. 점심에는 밥, 고기, 채소볶음, 따뜻한 차가 제
공됐다. 후식으로 생과일도 나왔다. 아침에는 반드시 달걀이 나왔고 저

녁에는 소고기, 돼지고기, 닭고기 중 하나가 나왔다. 살생하지 않는 부탄에서는 고기 종류를 모두 인도나 네팔에서 수입한다. 우리가 먹는 고기 중에는 말린 고기가 많았는데 보관상의 이유 때문인 듯했다.

스태프들은 새벽 4시부터 출발을 준비했다. 특히 요리팀은 아침과 점심을 동시에 준비하느라 가장 바빴다. 나는 다시 한번 놀랐다. 지난여름 인도에서 만난 스태프들은 약속된 시간을 거의 지키지 않았다. 그들이 식사를 내오는 시간이 우리가 밥 먹는 시간이었고, 그나마도 수시로 바뀌었다. 출발 시간 역시 덩달아 늦어졌다. 부탄 스태프들은 성실하고 책임감 강하고 친절하기까지 했다. 무엇도 허투루 하지 않았다. 일을 대하는 태도가 달랐다. 그들은 자존심보다 자존감이 높아 보였다. 히말라야가 궁금해서 부탄에 왔는데, 스태프들에게 먼저 반할 것 같았다.

8시간 만에 탕탕카(Thangthangkha Camp 3,618미터)에 도착했지만 말과 노새들은 아직이었다. 히말라야 어느 지역이든 트레킹 첫날은 짐 배분에 시간이 걸리니까 으레 그러려니 했다. 마을 작업장에서 기다리는데 오락가락하던 비가 맹렬하게 쏟아지기 시작했다. 아무것도 할 수 없는 우리는 무기력하게 비만 바라보았다. 그때 종소리가 들리면서 비에 흠뻑 젖은 말과 노새들이 나타났다. 스태프들은 부랴부랴 짐을 내려 텐트부터 쳤다. 비는 여전했다. 진흙으로 엉망이 된 풀밭 위에 텐트를 치려니 텐트 역시 물바다가 되었다. 비옷도 없이 텐트를 치던 스태프들도 다 젖었다. 두툼한 매트리스도 그 위에 깔릴 카펫도 젖었다. 비가 올 때 야영하는 것만큼 불편한 것도 없는데 은박매트리스를 준비한 게 그나마 다행이었다.

언제든 날씨가 급변할 수 있는 히말라야에서는 최악을 기준으로 장비를 준비하는 게 좋다. 당장은 필요 없을지 몰라도 악천후를 만나면 사정이 달라진다. 필요 없는 장비라고 소홀할 게 아니라 그런 상황이 닥치지 않았음을 감사해야 한다. 자신의 체력만 믿고, 혹은 몇 번의 경험만 믿고 장비를 제대로 준비하지 않는 모습을 보면 화가 날 때도 있다. 장비를 덜 챙기는 만큼 자신의 안전은 물론 다른 이에게 민폐가 된다는 사실을 잊지 말았으면 좋겠다.

말의 똥오줌이 범벅된 진흙탕 길이 이어졌다. 그래도 누구 하나 불평하지 않았다. 다들 웬만큼 불편한 건 웃어넘기는 여유가 있었다. 30대의 나는 하고 싶은 말을 해야 직성이 풀렸다. 누군가 민폐라고 생각하면 그 자리에서 대놓고 말했다. 나이가 많든 적든 상관하지 않았다. 그때보다 조금 더 나이를 먹은 지금은 같은 말이라도 다르게 하는 법을 알아가고 있다. 예전에는 나보다 나이가 훨씬 많은 이들과 다니는 게 답답했는데 요즘은 생각이 바뀌었다. 그들이야말로 히말라야를 제대로 즐길 수 있는 사람들이었다. 소통하는 방법이 조금 다를 뿐, 산을 좋아하는 마음은 같았다.

S님은 이번 트레킹을 위해 휴대전화를 최신 기종으로 바꾸었다. 큼지막한 액정에 시원한 사진이 찍힐 때마다 다들 감탄했다. 이때부터 S님의 휴대전화는 단체사진 전용 카메라가 되어 아예 출발할 때부터 소남에게 맡겨졌다. 그는 우리의 전속 '찍사'가 되었고 틈틈이 영상도 촬영했다.

가장 천천히 걷는 K님이 선두에 서고 가장 체력이 좋은 J님이 후미를 지켰다. 그런데 소남 뒤에 K님이 있다 보니, 매번 그를 통해 소남의 말을 전달받는 답답하고 불편한 상황이 이어졌다. 당혹스러웠다. 내가 배려라고 생각했던 일이 오히려 나의 역할을 제한하고 애매하게 했다. K님에게 사정을 말하고 자리를 바꿨다. 그렇게 해도 일행들의 속도는 K

님에게 맞춰졌고, 나는 소남의 말을 가까이에서 들을 수 있었다.

속도가 다른 사람들과 걷는 건 여전히 어려웠다. 소남과 나는 자주 일행들과 떨어졌다. 가다가 기다리는 일이 반복됐다. 수시로 뒤돌아보며 속도를 조절해도 조금만 가면 벌어졌다. 걷는 데 집중하다 보면 한참 떨어지기도 했다. 내가 만났던 젊은 가이드들이 그렇듯 소남도 속도 조절에 서툴렀다. 파키스탄, 인도, 네팔에서 여러 가이드와 다니면서 그들이 속도를 맞추지 않는 게 늘 불만이었다. 막상 내가 앞서 보니 쉽지 않았다. 뒤에 오는 사람들과 차이가 벌어질수록 계속 신경 쓰였고 그러다 보니 나의 리듬이 흐트러졌다. 그제야 내가 탓했던 가이드들의 사정이 이해됐다. 트레킹에서 진정한 고수가 되려면 누구에게나 속도를 맞출 수 있을 정도의 경험이 필요하겠구나 싶었다.

몇 년 동안 낯선 이들과 다니며 이런저런 시도를 했다. 여러 시행착오 끝에 내가 얻은 결론은 '함께 가는 것'이었다. 속도에 따라 선두와 후미로 나뉘면 일단 팀의 분위기가 좋지 않았다. 선두에 있을 때는 지은 쇠도 없이 괜히 눈치가 보였고, 후미에 있을 때는 너무 빨리 가는 사람들이 야속했다. 떨어져 걷다 보니 자연스럽게 무리가 형성되어 팀이 나뉘기도 했다. 선두에서 내달리던 사람이 나중에 후미의 입장이 되어 고생하는 것을 보면서, 함께 가야 할 이유가 더욱 분명해졌다.

나는 어떻게 하면 더 천천히 걸을지 궁리했다. 하지만 끝내 K님의 속도에는 맞추지 못했다. 그래서 약간의 간격을 두고 가는 방법을 택했다.

소남은 나를 캡틴으로 부르려 했다. 여러 해 사람들을 끌고 히말라야에 다녔지만 아직도 그런 호칭이 어색했다. 일행들에게 대장으로 불리는 것도 그랬다. 리더로서 부족하다는 생각에 마치 남의 옷을 입은 것 같았다. 스태프들에게는 현지 이름으로, 일행들에게는 닉네임으로 불리는 게 좋았다. 나는 소남에게 티베트 불교식 이름인 '돌마(얽매임으로부터 벗어난 여성)'라는 이름을 알려주었다. 2018년 북인도에서 가이드가 지어 준 이름이었다. 그때는 팀의 분위기가 좋지 않아 차마 돌마로 불러 달라고 할 수 없었는데, 2022년 북인도와 부탄에서는 자주 돌마로 불렸다.

히말라야에 처음 다니기 시작한 게 30대 후반이었다. 40대 중반인 지금도 히말라야 팀에서 가장 나이가 어리다. 팀을 이끌어야 하는 나는 언니나 형 같은 말이 불편했다. 자연스럽게 서열이 생겨 인사와 양보를 강요하는 상황으로 이어졌기 때문이다. 그래서 생각한 게 수평적 관계를 위한 호칭 정리였다. 나이, 성별, 사회적 지위와 관계없이 서로를 닉네임으로 불렀다. 모두가 동등한 입장에서 같은 비용을 내고 참여한 만큼 서로를 존중했으면 했다. 다행히 인터넷 동호회 문화의 영향으로 다들 쉽게 적응했다.

장포 아저씨가 장화를 신고 지나갔다. 이곳의 진흙탕을 보면 장화는 최고의 신발이었다. 우리는 발목을 감싸는 중등산화를 신고도 쿵푸를 하는 것처럼 조심조심 걸었다. 여기서 넘어지면… 아, 그건 상상도 하기 싫었다.

우리보다 앞서간 장포 아저씨와 카르마가 짓다 만 집 앞에 멈췄다. 그들은 처마 아래에 우리가 앉을 자리를 마련해 주었다. 따뜻한 차를 마시고, 각자의 접시에 음식을 덜고, 후식으로 나온 과일까지 잘 먹었다. 트레킹에선 잘 먹고, 잘 자고, 잘 싸야 한다. 기본적인 본능이 가장 중요한 곳이 히말라야 오지 트레킹이다. 히말라야 동행을 구할 때 현지식이 가능한지 확인하는 이유이기도 하다. 트레킹 중에는 특정인을 위한 음식을 요리할 여력이 없다. 밀가루를 안 먹든, 특정 고기를 안 먹든 어쩔 수 없다.

단풍이 곱게 물들었다. 아쉬운 건 날씨뿐이었다. 장고탕(Jangothang 4,106미터)은 조몰하리 베이스캠프이기도 했다. 야영지에는 우리 말고도 세 팀이 더 있었다. 그들 중 일부는 우리처럼 스노우맨 트레킹 팀이었다. 어떤 팀은 조몰하리 주변을 걷는 짧은 트레킹을 하는 듯했다. 날씨가 개는 듯해 진흙이 묻은 등산화를 씻고 약간의 빨래를 했다.

A텐트는 혼자 쓰기에 좋았다. 높아서 움직이기 편했고 바닥이 두꺼워 냉기가 올라오지 않았다. 창이 없어 어두웠지만 대신 아늑했다. 깨끗한 것도 좋았다. 아침에는 스태프들이 차와 커피를 가져다주었다. 나는 짐

을 꾸리다 차를 마시는 걸 좋아하지 않아서 매번 사양했다. 저녁에는 핫 워터백(Hot Water Bag)을 챙겨주었다. 뜨거운 물을 넣은 고무 주머니로 침낭 안에 넣고 자면 아침까지 따뜻했다. 각자의 물병에 뜨거운 물도 채워주었다. 덕분에 밤마다 따뜻하게 잤다.

화장실은 구덩이를 판 후 그 위에 화장실 텐트를 설치했다. 의자처럼 생긴 변좌가 있었지만 우리는 사용하지 않았다. 장고탕은 캠핑팀이 많은 곳이라 화장실이 몇 군데 있어 팀마다 정해 놓고 사용했다. 워낙 사람이 많아 배터리 충전은 오래 걸렸다.

실처럼 늘어진 이끼

고생을 권하다

히말라야 트레킹은 고소 적응 겸 휴식일이 꼭 필요하다. 모르는 사람들은 일정을 늘리기 위한 여행사의 꼼수라고 생각하는데 오해다. 대부분 3,500~4,000미터에서 휴식하며 고소에 적응하며, 실제로 이 높이에서 고소증이 가장 많이 나타난다. 다양한 변수가 발생하는 히말라야에서는 휴식일 외에 예비 일이 필요하다. 일부 일정을 느슨하게 해 비상시 유연하게 조정하는 것도 방법이다.

휴식일 아침, 우리는 고소 적응을 위해 소푸 호수(Tsho Phu Lake 4,350미터)로 향했다. 강을 건너고 오르막을 지나자 초원이 펼쳐졌다. 목동의 텐트 주변으로 야크들이 한가롭게 앉아 있었다. 소남은 야크 텐트를 부탄어로 '가'라고 했다. 가끔 호기심 많은 마모트(Marmot, 다람쥐에 가까운 대형 설치류)가 고개를 내밀었다. 멀찌감치 떨어져 있는 히말라야 푸른 양도 보였다. 학처럼 생긴 것 같은데 그보다 훨씬 큰 새도 있었다. 호수에 도착했지만 구름에 가려져 아무것도 보이지 않았다. 날씨가 좋으면 호수에서 지추 다케 반영을 볼 수 있다는데 아쉬웠다. 카르마는 오늘도 우리를 위해 따뜻한 물과 쿠키를 챙겨왔다.

호수를 둘러보고 싶다는 J님은 소남과 호수 안쪽으로 향하고, 우리는 걸음을 뗐다. 내려가는 동안 다국적 팀을 만났다. 그들은 쌀쌀한 날씨에도 반바지와 반소매를 입고 있었다. 소남의 말에 따르면 우리가 걸을 당시 스노우맨 트레킹 팀은 다섯 팀 정도였다. 그중 '스노우맨 트렉 Ⅱ'에 도전하는 건 우리뿐이었다. I 코스는 예전에 100여 팀 정도가 있었다는데 이번 관광세 인상으로 상당히 줄었단다.

소푸 호수 가는 길에 만난 야크들

소푸 호수에서 *

장고탕에 도착했다. 스태프들이 특별한 점심을 준비했다. 음식이 나온 순간 감탄부터 나왔다. 히말라야에서 숱하게 야영했지만 이토록 정갈하고 정성스러운 음식은 정말이지 처음이었다. 외국인 입맛에 맞춘 음식은 매운맛이 전혀 없었다. 우리가 매번 고춧가루를 찾자, 소남이 음식이 매워도 되는지 물었다. 그는 한국인들이 부탄 사람들 못잖게 매운 음식을 좋아하는지 모르고 있었다. 이후 모든 음식에 고추가 들어갔다. 가끔 너무 매웠지만 대체로 만족스러웠다. 저녁에는 피자와 환영 케이크가 나왔다. 보기만 좋은 게 아니라 맛도 좋았다. 문득 우리에게 얼굴을 거의 보이지 않는 요리사의 존재가 궁금해졌다.

연이어 비가 내리자 J님이 소남에게 부처님께 기도하라며 농을 쳤다. 우리 중 세 명은 부탄에 오기 전 북인도에서 40여 일을 걸었다. 인도 가이드는 독실한 하누만(원숭이 신) 신자여서 아침저녁으로 기도했다. 그때도 하산할 때 일주일간 비가 내렸다. 믿거나 말거나 가이드의 기도로 잠시 비가 멈춘 적이 있었다. 소남은 J님의 말에 배낭에서 경전이 적힌 두 권의 책과 108 염주를 꺼냈다. 그러곤 밤에 기도하겠다며 진지하게 약속했다. 소남에게 종카어로 적힌 글자를 읽을 수 있는지 물었더니 바로 읽어 내려갔다. 예전에 네팔 곰파에서 스님들이 외우던 것과 같았다. 상당히 어려운 글자로 알고 있는데 소남이 술술 읽어서 신기했다. 이후 그는 새벽이나 저녁에 종종 경전을 읽었다. 가끔 그의 경전 읽는 소리가 텐트까지 들리기도 했다.

장고탕에 있는 동안 소남이 스태프들을 소개해주었다. 그렇지 않아도 궁금하던 차였다. 스태프는 소남을 포함해 모두 아홉 명이었다. 우리 일행이 일곱이니 그보다 많았다. 캠프 매니저 지미, 요리사 바브, 보조 요리사 키노, 주방 보조 라투, 런치 보이 장포 아저씨와 카르마, 마부 체링과 틸레. 거기에 말과 노새가 열여섯 마리였다. 솜씨가 남달랐던 바브는 호텔 요리사 출신이었다. 그는 군인이었는데 산을 좋아해 트레킹 팀의 요리사가 되었단다.

소남이 일행들에게 상게, 팔모, 니마, 다와, 지센이라는 현지 이름을 지어 주었다. 부탄에서 사용하는 이름은 50가지 정도뿐이란다. 남녀 공통으로 쓰고, 부계 사회가 아니라 성이 없는 게 특징이었다. 성은 오로지 왕족에게만 있었다(네팔계 부탄인들은 성이 있다). 부탄 사람들의 이름은 보통 두 단어로 되어 있는데 두 단어 모두 이름이다. 같은 이름이라도 앞에 들어갈 때도 있고 뒤에 늘어갈 때도 있다. 이름은 승려가 짓는데 대부분 불교와 관련한 뜻이 있었다. 니마는 해, 다와는 달, 카르마는 별, 상게는 붓다, 페마는 연꽃, 체링은 장수, 지센은 여왕을 뜻했다.

소남은 잘 웃고 농담 잘하는 K님을 좋아했다. 그래서 이름도 붓다를 뜻하는 '상게'로 지어 준 듯했다. K님을 볼 때마다 소남의 얼굴에 웃음이 번졌다. 그러자 K님이 그에게 장난으로 자신을 '웃지마 상게'로 부르

게 했다. 소남은 그게 무슨 뜻인지도 모르고 그를 웃지마 상게로 불렀
다. 그때마다 우리는 귀여운 소남을 바라보며 같이 웃었다.

스태프들이 준비한 정갈한 음식

요리사가 만든 환영 케이크

아침에 텐트를 열자마자 얼른 카메라부터 챙겼다. 조몰하리가 드디어 모습을 드러냈다. 모처럼 맑고 깨끗한 날이라 기분이 좋았다. 전에는 같이 걸어도 단체 사진을 찍지 않았다. 그럴 생각조차 못 했다. 올해는 달랐다. 여행은 누구와 함께 가는지가 중요했다. 파키스탄에서는 한 일행의 제안으로 단체 사진을 자주 찍었고, 북인도에서는 가이드의 요청으로 아침마다 같이 사진을 찍었다. 그렇다 보니 부탄에서도 자연스럽게 단체 사진을 찍게 되었다. 덕분에 올해는 독사진보다 같이 찍은 사진이 가득했다.

7년째 '히말라야 트레킹'이라는 비슷한 경험이 반복되어도 언제나 새로운 경험이 추가되었다. 히말라야에서 제법 많은 시간을 보냈지만 그게 히말라야의 모든 경험을 대변해 주지는 않았다. 지속적인 여행이 필요한 이유였다. 나의 경험이 전부가 아님을 깨닫는 데에는 여행과 사람만 한 게 없었다. 지추 다케도 처음으로 얼굴을 내밀었다. 소남은 뾰족하게 보이는 지추 다케가 방향에 따라 전혀 다른 모습이라고 했다.

동글동글한 얼굴에 잘 웃는 소남은 귀여운 인상이었다. 그런 그도 먼 산을 보거나 생각에 잠길 때면 다른 얼굴이 보였다. 후에 홍 대표님에게 들으니 불교에 조예가 깊은 친구란다. 소남은 귀찮을 법도 한데 굳이 다리 아래까지 내려가서 우리가 건너는 모습을 찍어주었다. 예의 바르고 인간적인 사람들을 보면 어떤 교육을 받으며 자랐을지 궁금한데 소남도 그랬다.

언덕에 올라서자 장고탕이 한눈에 들어왔다. 이곳에는 유독 '탕'으로 끝나는 장소가 많았다. '평평한 땅'이라는 뜻이었다. 그러고 보니 인도 라다크의 창탕 고원의 '창탕'도 '동쪽의 평평한 땅'이라는 뜻이었다. 언덕을 지나자 완만한 초지가 이어졌다. 바닥에는 파란색과 연보라색 야생화가 별처럼 피었다. 히말라야에서 만난 야생화는 작아도 단단한 인상을 주었다. 누군가 밟고 지나가도 흐트러지지 않았다.

조몰하리를 바라보며 아침 식사 *

우리 팀은 대체로 키가 작은 편이었다. 천천히 걷는 데다 보폭이 좁으니 좀처럼 속도가 나지 않았다. 다국적 팀의 열네 명은 길쭉해서 우리를 금방 따라잡았다. 4,400미터가 넘는데도 여전히 반바지를 입고 있는 사람이 있었다. 말과 노새들도 뒤이어 나타났다. 소남은 녀석들이 보이지 않으면 불안해했다. 평소보다 휴식이 길어지면 말과 노새들을 기다리는 중이라고 봐도 무방했다. 그리고 꼭 녀석들이 지나간 다음에 출발했다. 우리가 가는 길을 확인받고, 그들을 먼저 도착하게 해서 준비할 시간을 주려는 듯했다.

이곳은 네팔의 돌포와 라다크의 황량하고 텅 빈 풍광을 떠올리게 했다. 그러면서도 산세가 독특해 묘하게 달랐다. 초원에는 우리 말고도 히말라야 푸른 양이 있었다. 푸른 양은 몸의 윗면이 푸른 빛을 띤 회색이라서 붙여진 이름이다. 길가에 널브러진 가죽과 뼈다귀를 보니 눈표범의 짓인 듯했다. 소남은 깨끗하게 발린 뼈대를 들고 뜯어 먹는 시늉을 했다. 그는 수줍음이 많은 것 같다가도 곧잘 장난을 쳤다. 그에 질세라 J 님도 뼈다귀를 들고 같은 흉내를 냈다.

돌탑이 있는 언덕에 도착했다. 마침 '주스 타임'이라 바람을 피해 자리 잡고 앉았다. 올해 들어 히말라야를 3개월째 걷고 있는데도 천천히 걸은 덕분에 부담이 덜했다. 혼자 스태프들과 다닐 때는 2시간 정도는 쉬지 않고 걸었다. 숨이 차도록 헉헉대며 걷는 게 당연했고, 쉬어갈 생각을 못 할 때가 많았다. 이번에 일행들과 걸어 보니 천천히 꾸준히 걸으면 아무리 긴 트레킹도 거뜬하겠다는 생각이 들었다. 머리로만 알고 있던 것을 이제야 알았다.

주스를 마시는 동안 소남과 J님이 팔굽혀펴기 대결을 했다. 소남은 은근히 J님을 남자로 경쟁하는 듯했다. 지난번 소푸 호수에 다녀올 때, 소남은 J님을 따라잡지 못했다. 둘은 경쟁하듯 주먹 쥐고, 한 손으로, 손가락으로 하는 팔굽혀펴기를 했다. 하지만 이번에도 J님이 이겼다.

뼈다귀를 들고 장난치는 소남

넬레 라(Nyele La 4,880미터)는 이번 여정에서 처음으로 올라선 고개였다. 히말라야 트레킹에서는 고갯마루 풍경이 제일 근사한데, 오후만 되면 어김없이 구름이 몰려왔다. 게다가 바람이 심해서 사진만 찍고 하산할 수밖에 없었다. 그 와중에도 H님은 다국적 팀과 사진을 찍느라 바빴다. 라다크에서 50여 일간 같이 걸었지만 H님에게 그런 적극성이 있는지 몰랐다. 은근히 재미있는 분이라는 것도 부탄에서 처음 알았다.

H님은 라다크를 함께 걸었던 일곱 명 중 가장 잘 걸었고 체력이나 건강 면에서도 최고였다. 그런데 부탄에서는 시작부터 감기에 걸려 힘들어 보였다. 평소 건강한 사람들은 아무리 히말라야 트레킹이라도 비상약품을 잘 챙기지 않았다. 감기약을 먹어 본 게 언제인지 기억나지 않을 정도인데 굳이 챙길 필요가 있느냐는 것이다. 맞는 말이다. 하지만 히말라야는 일반 여행지와 다르다. 당장 내 건강에 문제가 생겼을 때 해결할 방법이 별로 없다. 참는 것도 능사가 아니다. 고산에서는 한 번 아프면 잘 낫지 않는 편이라 자칫 병을 키울 수 있다. 그래서 나는 일부러 고생을 권하기도 한다. 추위에 떨어봐야 다음에 더 나은 장비를 준비하고, 아파 봐야 제대로 비상약품을 챙기기 때문이다.

문득 여행에서 인간의 모든 면이 드러난다는 나의 믿음에 의문이 생겼다. 누군가를 알고 싶으면 같이 여행하라는 말이 있다. 정말 그럴까? 평생을 살아도 내가 누군지 모르는데, 잠깐의 여행으로 누군가를 알 수 있을까? 여행은 누군가를 알기 위해서가 아니라 낯선 환경에서 나를 알아가는 과정이지 않을까? 사람과 상황을 대하는 나의 태도와 감정 상태를 알아가는 과정. 나와 맞는 사람과 그렇지 않은 사람을 알아가는 과정. 여행에서 누군가의 민낯이 어쩌면 그의 전부가 아닐지도 모른다. 삶의 여러 장면 중 하필이면 그 장면이 걸렸을지 모르니까. 장면 하나가 그의 모든 것을 말해 줄 수 있을까. 하나를 보면 열을 안 다지만, 그건 그 사람의 다른 장면을 몰라서가 아닐까.

누군가를 비난하는 마음에는 두 가지 상반된 마음이 깃들어 있다고 생각한다. 하나는 질투하는 마음이고 다른 하나는 그의 모습에서 나를 마주하는 고통이다. 결국은 둘 다 나의 상태다. 언제부터인가 누군가가 나를 비난하면 이 생각부터 들었다. 나를 질투하는구나. 반대로 내가 누군가를 비난하려 들 때는 나의 마음에서 질투를 관찰했다. 내가 누군가의 단점을 들추는 것은 나의 단점을 들추는 것과 다르지 않았다. 내가 보는 게 결국은 나의 모습일 테니까.

바람을 피해 고개 아래에서 점심을 먹었다. 역시 먹는 시간은 즐거웠다. 오늘은 무슨 반찬이 나올지 기대하는 즐거움. 우리가 밥과 반찬을 먼저 덜고 나면 소남, 장포 아저씨, 카르마가 먹었다. 그들은 우리가 밥을 다 먹을 때까지 기다렸다가, 더 먹지 않는 걸 확인한 후에야 식사를 시작했다. 우리는 그들이 먹을 것까지 고려해 반찬을 많이 덜지 않도록 주의했다.

넬레 라 가는 길

점심 도시락

점심 먹는 스태프들

다국적 팀은 우리보다 더 아래에서 테이블에 의자를 준비해놓고 점심을 먹었다. 파키스탄에서도 비슷한 일이 있었다. 우리는 방수포를 깔고 바닥에 앉아 점심을 먹는데 서양인들은 꼭 테이블을 이용했다. 바다 생활에 익숙한 우리와 달리 서양인들은 그렇지 않아서였던 것 같다. 그래도 바닥에서 밥을 먹는 우리의 모습이 썩 좋아 보이지 않았다. 충분히 가능한 서비스였는데 왠지 스태프들이 생략한 것 같았다. 그 뒤로 현지 여행사에 테이블을 요구했지만, 워낙 오지로 다니다 보니 그럴 기회가 없었다.

야영지가 보이기 시작하자 나는 J님과 속도를 냈다. 천천히 걷는 것도 좋지만 가끔은 자기 속도대로 걸으며 해소하는 것도 필요했다. 다 같이 천천히 가는 게 가장 좋은 방법인 건 맞다. 그러나 속도가 빠른 이의 입장에서는 일방적인 배려일 수도 있다. 그래서 가끔 일행들에게 먼저 가라며 일부러 권하기도 했다.

부탄은 지대가 높아도 다른 히말라야 지역보다 숲이 울창했다. 링시(Lingzhi 4,010미터)는 4천 미터가 넘지만, 주변에 큰 나무가 많았다. 야영지에 도착하면 자신의 카고백이 어느 텐트에 있는지부터 확인했다. 내 카고백이 놓인 텐트가 그날 나의 숙소였다. 스태프들이 아무 텐트에나 넣어 놓기 때문에 운수에 맡기는 수밖에 없었다. 매일 텐트가 바뀌는, 그러나 가장 공평한 방법이었다. 텐트에 도착하면 짐을 풀고 주변부터 정리했다. 동전 티슈를 물에 적셔서 세수하고, 손과 발을 닦고, 마지막으로 텐트 바닥을 닦았다. 아침 세수까지 포함하면 하루 3~4개 정도를 썼다. 주변에 물이 있으면 빨아서 다시 쓰기도 했다.

점심시간을 제외하고 7시간 반을 걸었더니 배가 고팠다. 이런 날은 스태프들이 간식으로 라면을 끓여주었다. J님이 라면수프를 챙겨온 덕분에 한국식 라면이 나왔다. 거기에 매운 고추를 넣었더니 칼칼한 국물이 끝내줬다.

독특한 풍경을 가진 부탄 히말라야

히말라야라는 이유

소남 말대로 지추 다케가 완전히 달라 보였다. 장고탕에서는 뾰족한 모습이었다면 링시에서는 옆으로 넓적했다. 그 옆으로는 세림 강(Tsheim Gang 6,789미터)이 보였다. 요리사는 오늘도 새벽 4시에 일어난 모양이었다. 그는 태도를 비롯해 모든 면에서 남달랐다. 히말라야에서 앞치마를 한 요리사는 바브가 처음이었다. 바브는 아홉 명의 스태프 중 제일 바빴다. 모든 것이 정리된 후 가장 마지막에 출발하고, 가장 먼저 야영지에 도착해 간식과 저녁을 준비했다. 저녁은 늘 푸짐했다. 열악한 곳에서도 매번 다른 요리를 만들어냈다.

우리는 보통 7시 30분에 아침을 먹고 8시에 출발했다. 우리가 출발할 때 다국적 팀은 아침 식사 중이었다. 그들은 두 명이 한 텐트를 썼다. 히말라야 캠핑 트레킹은 대부분 2인 1텐트로 진행한다. 하루만 같은 텐트를 사용해도 여간 불편한 게 아닌데 그들만의 노하우가 있는 것일까?

나는 히말라야 트레킹을 준비할 때 경비가 추가되어도 꼭 1인 1텐트를 고수한다. 생활습관이 다른 사람과 장기간 한 텐트를 쓰는 건 상당한 인내심이 필요하다. 처음에는 서로 조심하고 참을지 몰라도 결국엔 갈등으로 치닫는다. 요새는 가족과도 하루 세끼를 같이 먹는 일이 드물다. 히말라야에서는 종일 같이 걷고 간식까지 무려 네 끼를 함께 한다. 그러니 하루 중 특정 시간만큼은 혼자 보낼 수 있는 공간과 시간이 필요하다. 심리적 안정과 서로의 평화를 위해서도. 일종의 거리 유지 겸 완충장치랄까.

소남이 마을 꼭대기에 있는 링시 종(Lingzhi Dzong 4,300미터)을 가리켰다. 우리는 왼쪽 언덕으로 향했다. 경전만 적혀 있는 흰 깃발이 이곳에도 있었다. 지난겨울 엄마가 돌아가시고 유품을 정리하면서 나는 엄마의 등산복을 챙겼다. 당시 왜 그런 생각이 들었는지 모르겠지만 엄마의 옷을 입고 히말라야를 걸을 생각이었다. 엄마의 옷이 내 몸에는 작아 식이조절이 필요했다. 이제는 엄마의 옷이 잘 맞았고 내가 걷는 히말라야를 온전히 보여드릴 수 있었다.

언젠가 친구가 그랬다. 너의 엄마는 다른 아주머니들과 일할 때 네 칭찬만 한다고. 히말라야에 가는 딸을 자랑스러워한다고. 그걸 엄마가 돌아가신 후에 알았다. 나한테는 한 번도 표현한 적이 없었어도 엄마는 늘 딸을 응원하고 있었다.

펄럭이는 흰 깃발을 두고 다시 걸음을 옮겼다. 우리는 마니월(Mani Wall, 경전을 새긴 돌을 쌓아서 만든 돌담)을 만날 때마다 시계 방향으로 돌았다. 왼쪽은 지구와 우주가 회전하는 방향이기도 했다(오른쪽으로 도는 것은 불길한 것으로 간주한다). 마니석(Mani Stone, 경전을 새긴 평평한 돌), 초르텐(Chorten, 고승의 유물을 보관하는 돌탑), 고개 정상의 돌탑도 마찬가지였다. 티베트 불교 문화이자 이곳 사람들의 생활방식이었다.

링시 종은 2011년 지진으로 무너져 재건축 중이었다. 2023년까지 완공예정이라는데 말과 야크로 자재를 운반하려면 더 걸릴 듯했다. 막 내려가려는데 소남이 우리를 붙잡았다. 문 앞에서 사진을 찍어주겠단다. 그가 찍은 사진을 보니 일행들이 모두 멋지게 나왔다.

우리는 성실하고 잘 웃는 소남을 좋아했다. 홍 대표님은 소남을 두고 '엉덩이가 가볍다'라고 했다. 그는 눈치 구단에 행동이 무척 빨랐다. 우리가 조금만 움직여도, 부족한 영어로 얘기해도 찰떡같이 알아들었다. 그가 영어 가이드임에도 크게 불편하지 않은 이유였다. 소남은 언제나 까만 옷만 입었다. 윗옷과 바지, 겉옷과 신발, 모자, 배낭까지 모두 까만색이거나 무채색이었다. 트레킹이 끝날 때까지 거의 바뀌지 않았다. 그에게 왜 까만색만 입는지 물었더니 좋아하는 색이란다. 그나마 내가 준 멀티 스카프가 초록색이라 포인트 역할을 했다. 20대에 머리가 빠졌다는 소남은 모자를 쓰고 있는 시간이 많았다. 열등감 같은 건 없어 보였다. 우리는 아무 말 없는데 자신의 민머리를 두고 곧잘 농담했다. 그에게 머리칼이 있는 모습은 왠지 상상이 가지 않았다. 그 정도로 민머리가 잘 어울렸다. 작고 동글동글한 인상이라 동자승처럼 보였다.

링시 종에서 내려다본 링시 마을은 고요하고 평화로웠다. 마을 주변으로 단풍이 고와 눈이 부셨다. 높이가 높이인지라 야크도 자주 보였다.

링시 종의 일행들 *

첩첩산중이라도 운반수단이 말과 노새다 보니 길이 넓은 편이었다. 마을과 마을을 연결하는 길도 뚜렷했다. 우리는 고율 라(Goyul La 4,060미터)에서 점심을 먹었다. 지금까지는 부드러운 흙산이었다면 이후는 우락부락한 돌산이었다. 고율 마을 뒤로 구름에 가려진 높은 설산이 보였다. 기분 좋은 날씨에 풍경까지 좋으니 더할 나위 없었다. 따뜻한 인스턴트커피 한 잔에도 세상을 다 가진 듯했다. 두런두런 이야기하며 도시락을 먹으니 소풍이 따로 없었다. 어느 시인의 말처럼 삶이 소풍이라면, 우리는 히말라야에 소풍 나온 사람들이었다.

히말라야에 다니면서 좋았던 일도 그렇지 않은 일도 많았다. 미워도 하고 원망도 했다. 고민도 하고 반성도 했다. 히말라야에서는 히말라야만 보면 된다고 생각했는데 이제는 생각이 바뀌었다. 내 앞에 찬란한 히말라야가 펼쳐져도 마음이 지옥이면 보이지 않았다. 히말라야를 잘 보고 느끼려면 무엇보다 마음이 중요했다. 앞으로 내가 걷는 히말라야에서는 함께 걷는 법을 배울 것 같다. 그 과정에서 삐걱거릴 때도 있겠지만 성장통이라 생각하련다.

가끔 이런 상상을 한다. 내게 경제적 여유가 있다면 히말라야의 어느 곳을 가볼까 하고. 경제적 자유는 요원할지 몰라도 그런 상상을 하면 기분이 좋다. 히말라야의 새로운 곳을 기획하고 준비하는 일, 다녀와서 내가 걸었던 길을 글로 풀어내는 일이 즐겁다. 어느 순간 히말라야는 나의 전부가 되었다. 그리고 여러 이유를 주었다. 돈을 벌 이유, 성장할 이유, 건강할 이유, 살아갈 이유까지도.

히말라야에 대한 나의 목표는 여러 번 바뀌었다. 처음엔 90일간의 트레킹이었고 다음엔 네팔 히말라야 횡단이었다. 그러다 파키스탄 히말라야까지만 더 가보자 했고, 이후 인도와 부탄까지 확장되었다. 7년 동안 히말라야를 품은 모든 나라를 걸었고 여전히 걷는 중이다. 7천 킬로미터를 걷는 동안 매번 새로운 길을 찾아다녔다. 히말라야산맥은 국경을 겸하고 있어 외국인의 출입이 제한되는 곳이 많았다. 국경을 확정 짓지 못해 분쟁지역인 곳도 있었다. 일개 개인이 히말라야를 전부 잇는 건 사실상 불가능했다(히말라야라 지역에서 100% 연결이 가능한 나라는 네팔뿐이다). 그래도 내가 갈 수 있는 히말라야를 구석구석 찾아다닐 생각이다. 히말라야에서 1만 킬로미터를 걸어 보는 것, 히말라야 트레킹에서 독보적인 존재가 되어 보는 것. 이번 생에는 그거 하나라도 제대로 해보고 싶다.

일행들을 기다리는 동안 야생화에 앉은 나비를 만났다. 히말라야를 걷다 보면 작은 것에도 의미를 부여하게 되는 순간들이 있다. 왠지 나비는 상서로운 징조 같았다. 우리의 여정이 무탈할 것 같은 느낌이었다. 한 무리의 푸른 양도 만났다. 녀석들은 높은 곳에서 우리를 내려다보았다. 어느 정도 거리가 있어서인지 잠깐 우리를 의식하더니 다시 풀을 뜯었다. 히말라야에서 푸른 양을 처음 본 건 아니지만 이곳에 사는 녀석들은 달랐다. 사람을 보고도 도망가지 않는 야생동물이라니. 부탄은 모든 곳에 선함이 깃든 듯했다.

날씨가 흐려지는 듯해 마음이 급했다. 며칠째 마르지 않은 빨래를 가지고 다니는 통에 신경 쓰였다. 체비사(Chebisa 3,990미터)를 코앞에 두고 먼저 내려갔다. 부랴부랴 짐을 풀어 빨랫줄을 걸었다. 잠깐 고민하다 옷을 갈아입고 개울가로 나갔다. 서둘러 빨래하고 이참에 머리도 감았다. 잠시 해가 나는 동안 침낭과 등산화를 널고, 오랜만에 태양광 충전기도 꺼냈다. 저녁이 되자 비가 쏟아졌다. 얼른 빨래를 걷자 금세 비가 그쳤다. 그렇게 빨래를 널었다가 걷기를 몇 번이나 반복했다.

체비사에 설치된 텐트

부탄의 가을

빨래를 잔뜩 한 게 무색하게도 밤새 비가 내렸다. 텐트 안에서 듣는 빗소리는 한없이 낭만적이었지만 텐트를 걷을 생각 하니 갑갑했다. 가끔 이런 생각이 들었다. 자기 손으로 텐트를 설치하거나 걷어 본 적이 없는 사람에게 히말라야 오지 트레킹이 가당키나 할까? 아무리 스태프들이 알아서 해준다 해도 경험의 폭이 곧 이해의 폭이기도 하니까.

우리가 출발하는데도 다국적 팀은 그대로였다. 2명이 고소증으로 내려가야 하는 모양이었다. 우리 팀은 대부분 60대 중후반이었지만 다들 잘 적응하고 잘 걸었다. 사람들은 히말라야에 가려면 체력이 좋아야 한다고 생각하는데 꼭 그렇지만은 않다. 체력이 좋다고 고소 적응에 유리한 것도, 끝까지 걸을 수 있는 것도 아니다. 천천히 꾸준히 걸을 수 있으면 된다. 체력을 과신하지 않고 산에서 겸손하면 된다.

히말라야 동행을 받아보면 아이러니하게도 체력을 걱정하던 이들이 가장 잘 적응했다. 자신의 부족한 점을 보완하기 위해 더 철저히 준비하기 때문이다. 나는 히말라야 동행을 구할 때 체력만큼은 자신 있다고 말하는 사람을 믿지 않는다. 백두대간을 몇 번 종주하고, 철인 3종 경기를 하고, 마라톤 했다고 자랑하는 이는 동행으로 받지 않는다. 히말라야에서 사고를 당하는 이들 중에는 의외로 체력 좋은 사람이 많다. 체력만 믿고 과욕을 부리다가 고소 적응에 실패해서다(여행사의 무리한 일정도 마찬가지다). 민폐가 될까 싶어 걱정하는 사람치고 진짜 민폐가 되는 일은 없었다. 오히려 모든 것을 잘할 것처럼 말하는 사람이 나중에 민폐가 되었다. 나는 그게 자연과 사람을 대하는 겸손함의 차이라 생각했다.

되새김질하던 야크들이 우리를 바라보았다. 날카로운 뿔과 달리 표정은 한없이 순했다. 비에 젖어 곱슬곱슬한 앞머리도 귀여웠다. 야크는 히말라야를 상징하는 대표적인 동물이다. 4천 미터 이상 고지대에 사는 이 덩치 큰 녀석은 히말라야의 주민들에게 모든 것을 내준다. 젖과 고기, 털과 가죽, 노동력까지. 녀석들의 똥은 나무가 없는 고산에서 중요한 땔감이 된다. 유목민들에게 야크는 거의 모든 것이나 다름없다.

지그메 도르지 국립공원의 블루 쉽 포인트(Blue Sheep Point)는 푸른 양의 천국이었다. 족히 100마리는 넘어 보이는 푸른 양이 눈앞에서 평화롭게 풀을 뜯고 있었다. 이렇게 가까이에서 푸른 양을 본 건 부탄이 처음이었다. 그간 히말라야에서 만난 푸른 양은 사람을 보면 도망치기 바빴고, 그나마도 대여섯 마리 정도에 불과했다. 그런 미약한 경험에서 갑자기 많은 푸른 양을 만나니 너무나 경이로웠다. 우리는 한참이나 푸른 양을 바라보며 발길을 떼지 못했다.

히말라야의 여러 나라를 다녀보니 저마다 독특한 매력이 있었다. 더 나은 곳도 더 모자란 곳도 없었다. 그저 다를 뿐이었다. 살아 있는 빙하와 8천 미터급 봉우리 5개가 모여 있는 파키스탄 히말라야, 삭막함의 끝장인 북인도 히말라야, 8천 미터급이 8개가 모여 있는 네팔 히말라야, 정글이 우거진 시킴 히말라야 그리고 야생동물의 천국인 부탄 히말라야까지. 부탄에 와서 보니 부탄만의 매력이 있어서 좋았다. 익숙하지 않은 풍경이라 카메라를 자주 꺼냈다. 우리가 여행하는 목적은 결국 낯섦을 위해서였다. 히말라야만 찾아다니는 나 역시 낯섦을 찾아 매번 새로운 코스를 기획하는지도 모른다.

우리를 바라보는 야크

안개가 자욱한 곰부 라(Gombu La 4,440미터)에서는 아무것도 볼 수 없었다. 부탄은 기후 변화가 심해 고산 등반이 까다롭다더니 트레킹도 마찬가지였다. 스노우맨 트레킹에서 100% 좋은 날씨를 만나는 건 왠지 불가능할 것 같았다. 날씨는 궂어도 하산하는 길은 꽤 다채로웠다. 산딸기로 보이는 식물이 빨갛게 물들었고, 그 아래로 랄리구라스의 초록색 잎이 대비를 이루었다. 산 전체를 덮은 랄리구라스 잎은 마치 별을 쏟아 놓은 듯했다. 꽃봉오리가 당장이라도 꽃을 피우려는 것처럼 탱탱했다. 봄이면 산 전체가 붉은 꽃으로 덮일 텐데 그때는 얼마나 장관일까. 눈이 내리고 길이 더 질퍽거릴 거라 해도 꽃 피는 계절의 모습이 궁금했다. 이곳의 산은 봄인 것 같으면서 여름 같고 그러면서도 가을 같았다. 초록 숲에 빨갛고 노란 유화 물감을 점점이 찍어 놓은 듯했다. 화려한 단풍 앞에선 그저 날씨가 아쉽고 야속할 뿐이었다.

소남은 걷다가 흙탕물에 빠진 개미들을 발견하면 일일이 꺼내주었다. 부탄 사람들은 모든 존재를 자비롭게 대하고 살생하지 않는다. 모두가 전생의 어머니였다고 믿어서다. 그들은 자연이든 사람이든 자신이 행한 대로 돌아온다고 믿는다. 누구도 죽일 권리가 없음을 알고 모든 생명을 존중한다. 곳곳에서 느껴졌던 선함이 어떤 것인지 어렴풋이 알 것 같았다.

소금 동굴 앞에서 점심을 먹었다. 동굴이라고 하기에는 다소 빈약해도 비를 피할 수 있는 처마가 있었다. 장포 아저씨와 카르마는 점심을 내놓기 전에 컵과 접시부터 닦았다. 그들이 가지고 다니는 수건은 항상 깨끗했다. 네팔 트레킹을 해본 사람이라면 안다. 로지(Lodge)에서 식사할 때 그들이 어떤 수건으로 포크와 접시를 닦는지. 손도 닦고 접시도 닦는 수건은 한 번도 세탁하지 않은 것처럼 새까만 경우가 많았다. 파키스탄도 마찬가지였다. 어쩌다 행주를 보면 밥맛을 잃을 정도였다. 우리에게는 있을 수 없는 비위생이 그들에게는 일상이었다. 깨끗함의 기준이 달랐다. 그럴 때는 그냥 모른 척하고 먹는 수밖에 없었다.

웬일로 소남이 밥을 두 그릇이나 먹었다. 우리가 밥을 많이 먹는다고 놀렸더니 아침을 먹지 못했다며 당황한 표정을 지었다. 그는 곧잘 농담하다가도 가끔 너무 진지했다. 소남이 밥을 세 그릇 먹든 네 그릇 먹든, 우리는 무조건 잘 먹는다고 칭찬할 텐데 말이다.

별 무더기 같은 랄리구라스 잎

흙탕물에 빠진 개미를 꺼내주는 소남

가을인데 웬 복사꽃인가 했다. 꽃이 핀 것처럼 화려한 나무에 가까이 다가가 보니 열매였다. 우리나라 마가목 열매와 비슷했는데 선명한 분홍색이 아주 예뻤다. 무슨 열매인지 소남에게 물었지만 그도 모른단다. 가이드라고 이곳의 모든 식생을 꿰뚫고 있는 건 아니니까. 모르면서 아는 체하는 것보다 모르는 건 모른다고 말하는 게 나았다.

조금 오다가 말겠거니 했던 빗방울이 굵어졌다. 멀지 않은 곳에 텐트가 보였지만 거기까지 가기도 전에 옷이 다 젖을 판이었다. 우리는 유목민의 텐트 앞에서 비옷을 덧입었다. 갑자기 들이닥친 이방인들이 불쾌할 법도 한데 할머니는 오히려 자리를 내어주었다. 그런 할머니가 고마워 사탕을 드렸다. 나는 히말라야에서 아이들에게는 되도록 사탕이나 초콜릿을 건네지 않았다. 한창 자라는 아이들에게 단것이 도움 되지 않는다고 생각해서다. 외국인=사탕이라는 인식을 심어주고 싶지도 않다. 내가 주로 간식을 전하는 이들은 힘들게 걷는 포터들이었다. 이왕이면 우리를 위해 고생하는 사람들에게 주고 싶었다.

쫄딱 젖은 채 쇼무탕(Shomuthang 4,220미터)에 도착했다. 각자 자신의 카고백이 있는 텐트를 찾아갔다. 나만의 공간에서 눈치 보지 않고 옷을 갈아입을 수 있는 자유. 그것만으로도 충분했다.

마가목을 닮은 분홍색 열매

부지런한 마부들이 아침 일찍 말과 노새들을 데려왔다. 저녁에 어딘 가에 풀어 놓는 것 같은데, 좌표도 없는 그곳을 귀신같이 찾아가 다시 데려오는 걸 보면 신기했다. 마부들은 바닥에 고정해 놓은 줄에 녀석들의 한쪽 다리를 묶었다. 이렇게만 해도 말과 노새들이 움직이지 않아 수월하게 짐을 실을 수 있었다.

부탄 히말라야에서 사람은 짐을 짊어지지 않는다. 부탄 국왕이 '외화를 가져다주는 등산객보다 밭에서 일하는 사람이 더 소중하다'라며, 농민을 포터로 고용하는 것을 금지해서다. 히말라야에서 모든 짐은 말과 노새의 몫이다. 녀석들은 여러 면에서 유리했다. 일단 사람보다 2~3배의 짐을 졌다. 웬만큼 높은 곳에도 풀이 있어 먹이를 따로 준비할 필요도 없었다.

출발하면서 뒤돌아보니 우리가 머문 곳이 제법 아늑했다. 어제는 보이지 않던 단풍도 보였다. 히말라야에서 풍경을 볼 수 없는 것만큼 안타까운 일도 없는데 다들 그러려니 했다. 날씨는 누구의 탓도 아닌 자연현상이고 우리는 받아들이는 수밖에 없었다. 비가 오면 우산을 쓰고, 비가 그치면 우산을 접으면 될 일이었다.

어제보다 더 높은 곳까지 올랐지만 자레 라(Jare La 4,785미터)에서도 비가 내렸다. 우리는 빗속에서 정상 사진을 찍고 간식을 먹었다. 지도를 보니 본격적으로 북쪽 히말라야에 접근하는 게 라야(Laya 3,922

미터)부터였다. 북쪽은 티베트와 가까웠고 티베트는 건조한 곳이었다. 왠지 우리가 휴식하게 될 라야부터 날씨가 좋을 것 같은 느낌이 들었다.

우리가 머물던 야영지 쇼무탕

하산하는 길에 반대편에서 올라오는 말과 노새들을 만났다. 다른 트레킹을 마치고 돌아가는 중이었다. 등짐이 없는 녀석들은 잠시 멈추는 동안에도 풀을 뜯기에 여념이 없었다.

살기 위해 가장 중요한 게 무엇일까?

생각해 보면 답은 의외로 간단한 것 같다. 단순한 삶에서 먹는 것보다 중요한 게 있을까? 말과 노새가 먹는 것에 진심인 것처럼 단순한 생활이 반복되는 트레킹에서도 그랬다. 우리는 현지 음식을 잘 먹으면서도 종종 자신이 먹고 싶은 한식 이야기를 하곤 했다. 고생이 심할수록 모든 대화의 주제는 먹는 것으로 귀결되었다.

음식 이야기와 더불어 각자의 여행담도 재미있는 얘깃거리였다. 그런데 여행 이야기가 자랑으로 이어지는 일도 꽤 있었다. 가만 보면 자랑은 자격지심과 열등감의 또 다른 표현이었다. 돈 자랑, 여행 자랑, 자식 자랑, 인맥 자랑, 학력 자랑, 체력 자랑 등. 유독 반복해서 자랑하는 부분이 있다면 그게 그 사람의 약점인 경우가 많았다. 여유 있고 자존감 높은 사람은 무엇도 자랑하지 않았다. 다른 이의 칭찬이나 인정을 갈구하지 않았다. 말을 많이 하기보다 듣는 쪽이고, 나서기보다 조용히 돕는다. 좌중을 압도하려 애쓰지도 않는다. 자랑하고 생색내지 않아도 사람들은 다 알았다. 누가 얼마나 애쓰고 있고, 고수인지를.

진흙탕 길은 여전히 우리를 애먹였다. 젖은 나무토막은 미끄러웠고,

등산화 바닥에 붙은 진흙 덩이는 다리를 무겁게 했다. 강을 만나는 곳까지 내려왔는데도 웬일로 장포 아저씨와 카르마가 보이지 않았다. 걱정할 새도 없이 우리와 다른 길로 내려가고 있는 그들이 보였다. 두 사람은 12시 이전에는 반드시 나타났다.

우리가 점심 장소로 자리 잡은 곳은 야크 천막이 있는 강가였다. 천막에는 여자 둘과 다섯 살쯤 돼 보이는 남자아이가 있었다. 개는 네 마리나 되었다. 부탄에서는 딱딱한 야크 치즈를 '츄고(Chugo)'라고 불렀다. 실에 꿰어 사탕 목걸이처럼 만드는데, 어찌나 딱딱한지 입안에서 한참을 녹여야 했다. 한 일행이 치즈를 사고 싶어 했지만 공교롭게도 부탄 돈을 가지고 있는 사람이 없었다. 도시에서는 인도 루피가 통용돼도, 오지에서는 부탄 돈이 아니면 소용이 없었다.

위태로운 나무다리를 건넜다. 소남은 이런 다리를 만날 때마다 더 신경 썼다. 그리고 꼭 한 사람씩 건너게 했다. 우리 팀은 모두 트레킹 고수였지만 가이드의 말을 충실히 따랐다. 그게 가장 안전한 방법이기도 했다. 소남이 2시간 걸린다던 로부탕(Robluthang 4,160미터)까지 1시간만에 도착했다. 그가 말한 시간은 자주 틀렸다. 보통 1~2시간 더 걸렸다. 소남은 주변 큰 산의 이름도 헷갈릴 때가 많았다. 그가 말한 내용은 내가 가진 자료를 벗어나지 않았다. 아무래도 코로나 2년의 기간이 소남의 경험을 흐릿하게 만든 것 같았다.

장고탕에 이어 로부탕에서도 저녁에 케이크가 나왔다. 굽지 않고 쪄서 만든 케이크는 달지 않고 담백했다. 옥수수빵처럼 촉촉했다. 케이크가 나오면 깔끔하게 잘라 절반은 우리가 먹고 절반은 스태프들에게 주었다.

야크 천막의 내부

외나무다리를 건너는 일행

이제는 비가 오지 않는 게 이상할 정도였다. 다시 완전무장 한 채로 출발했다. 비가 오면 쉴 곳이 마땅치 않아 계속 걷는 수밖에 없었다. 오늘은 처음으로 5천 미터 고개를 넘는 날인데 하필 생리를 시작했다. 트레킹 할 때 여자로서 불편한 건 딱 두 가지다. 생리하는 것, 앉아서 소변을 누는 것. 하지만 그런 불편함을 감수하고서라도 오랫동안 걷고 싶은 곳이 히말라야다.

가파른 고개라 평소보다 속도가 더뎠다. 그 사이 말과 노새들이 우리를 앞질렀다. 녀석들은 천천히 걷는 것 같으면서도 순식간에 정상에 도착했다. 신체 라(Sinchey La 5,015미터)는 다섯 번째 고개였다. 우리는 매일 고개를 넘었고 앞으로도 넘을 고개가 많았다. 히말라야에서 이처럼 고개를 자주 넘는 건 흔치 않았다. 그런 면에서 스노우맨 트레킹은 히말라야에서 고개가 가장 많은 코스였다. 어쩌면 세계에서 가장 많은 고개가 있는 코스일지도 모르겠다. 고개가 많다는 건 부침이 심하다는 뜻. 게다가 스노우맨 트레킹에서는 정해진 코스에서 벗어날 방법이 거의 없었다. 중간에 포기하고 싶어도 끝까지 가야 했다. 아니면 헬기를 불러야 하는데 비용이 만만치 않았다.

장포 아저씨가 신체 라 정상에서 발을 동동 구르며 우리를 기다렸다. 정상은 바람이 심해 오래 있을 수 없었다. 우리는 의무적으로 단체 사진만 찍고 얼른 내려갔다. 장포 아저씨와 카르마가 점심 장소로 정한 곳은 너무 추웠다. 거기서 밥을 먹다가는 저체온증이 올 것 같았다. 사람들을 뒤로하고 먼저 내려가서 적당한 장소를 물색했다. 그러다 언덕 아래에 바람이 닿지 않는 곳에 멈췄다. 추위를 많이 타는 나는 추운 게 정말 괴로웠다. 특히 땀을 흘린 상태에서 멈추면 몸이 덜덜 떨렸다. 카르마가 건네주는 따뜻한 차를 마시자 그제야 편안해졌다. 북인도 트레킹 때는 각자 배낭에 도시락을 넣고 다녀서 늘 차가운 점심을 먹었는데 부탄에서는 늘 호사를 누리는 기분이었다.

우리는 걷는 동안 서로가 챙겨온 간식을 나눠 먹었다. N님은 하루도 빠짐없이 육포나 쥐포, 직접 만든 생강편을 나눠주었다. S님은 홍삼절편이나 젤리, 에너지 젤 같은 것들을 풀었다. J님은 맛있는 과일 젤리로 입을 즐겁게 했고, K님은 생강 젤리로 기운을 북돋아 줬다. H님도 과자나 사탕을 한 번에 풀었고, L님은 가문어로 최고의 안주를 선사했다. 간식을 덜 준비한 나는 며칠 모았다가 가장 힘든 구간에서 나눠 먹곤 했다.

고개가 높으면 하산도 긴 법이었다. 다 내려온 것 같은데도 계곡을 따라 길이 계속 이어졌다. 위에서 내려다본 숲은 물감을 찍어 놓은 듯 알록달록했다. 가을 분위기가 물씬 풍겼다. 걸은 지 여덟 시간 만에야 리미탕(Limithang 4,163미터)에 도착했다. 우리보다 늦게 출발한 스태프들이 먼저 도착해서 텐트까지 설치해 놓았다. 우리는 먹고 걷기만 하는

데도 하루가 꼬박 걸렸는데, 그들은 매일 그 이상을 해냈다.

히말라야 고산 등반가들은 오후 2시를 '죽음의 시간(Dead Time)'이라 부른다. 구름이 몰려오는 시간이어서다. 트레킹에서 5천 미터급 고개를 넘을 때 새벽부터 출발하는 것도 같은 이유다. 오후 내내 잔뜩 흐리더니 5시가 넘자 어김없이 비가 쏟아졌다. 소남은 마지막 몬순이라며 곧 날씨가 좋아질 거라고 했다. 하긴 네팔에서도 10월 초까지는 몬순의 끝자락이라 비가 내리곤 했다.

마부 체링과 틸레가 이번에도 모닥불을 피웠다. 어디서 큰 나무들을 주워다가 잔뜩 쌓아 놓았다. 이렇게 불을 피워놓으면 말과 노새를 해하는 동물이 가까이 오지 않는다고 한다. 나는 빨래를 가져다 모닥불 앞에서 말렸다. 양말과 윗옷만 말릴 생각이었는데 틸레가 도와주었다. 부탄 사람들은 누군가를 도와주는 데 적극적이었다. 평소에는 말이 없고 수줍다가도 도움이 필요할 때는 꼭 물어보았다. 틸레가 빨래를 뒤집어가며 말려주는 바람에 금방 말랐다. 내친김에 다른 빨래도 전부 말렸다. 사실 스노우맨 트레킹에서는 빨래를 말리는 방법이 모닥불뿐이라고 해도 과언이 아니었다. 덕분에 모든 옷에서 불 냄새가 났지만.

신체 라 가는 길에

작은 풍요

이렇게 오랫동안 우산을 쓰고 걸었던 적이 있나 싶다. 길은 여전히 진흙탕이었다. 우리는 비를 맞으며 여느 때와 마찬가지로 묵묵히 걸었다. 어디쯤에서 강을 건너야 하는데 2개나 되는 다리가 모두 강물에 쓸려 갔다. 소남은 더 아래로 내려갔다. 우리는 위태롭게 놓인 긴 나무토막을 다리 삼아 강을 건넜다. 붉은 돌이 가득한 계곡이 피로 물든 것처럼 기괴했다. 생각해 보니 네팔에도 비슷한 곳이 있었다. 같이 갔던 가이드가 붉은 이끼라고 했던 것도 기억났다. 나무마다 실처럼 늘어진 이끼는 스틱을 갖다 대자 더듬이처럼 달라붙었다. 그런 식으로 다른 나무로 퍼져 나가는 모양이었다.

오늘 목적지인 라야는 우리가 처음으로 쉬는 곳이자 나머지 구간에 필요한 식량을 보급받을 곳이었다. 그런데 마을에 들어서자마자 기겁했다. 지금까지 만난 진흙탕 길은 애교에 불과했다. 개울에서 진흙을 씻어낸 등산화가 더 깊게 빠졌다. 제대로 된 징검다리도 없이 작은 돌멩이에 의지한 채 걸었다. 이곳 사람들은 모두 장화를 신고 다니는 것일까? 학교 가는 아이들도 있을 텐데 이런 길에서 괜찮을까?

다행히 우리가 머물 야영장은 깨끗하게 단장된 잔디밭이었다. 노부부가 운영하는 곳으로 시설이 괜찮은 편이었다. 야영장에 들어서자 큰 개들이 꼬리를 흔들며 달려왔다. 그중 한 놈을 쓰다듬어 주었더니 진흙 발로 안겨서 깜짝 놀랐다. 녀석들은 붙임성이 어찌나 좋은지 예전부터 알고 지낸 것처럼 굴었다. 말과 노새는 잔디밭까지 들어올 수 없어서 스태프들이 짐을 날랐다. 녀석들이 아무 데나 오줌과 똥을 싸서 그런 듯했다. 우리는 마당에서 진흙을 씻어내고, 텐트가 설치되는 동안 노부부의 부엌에서 점심을 먹었다. 마침 전통주 '아라'가 있대서 그것도 주문했다.

주인 할머니는 우리나라 복조리같이 생긴 모자를 썼다. 워낙 작아서 모자라기보다 장식 같아 보였다. 난로 아래서 자는 고양이는 우리가 떠드는 데도 아랑곳하지 않았다. 녀석을 무릎에 앉히니 가르릉 소리를 내며 잠들었다. 우리는 2층의 방 한 칸을 식당으로 사용했다. 산중이지만 전기가 들어오고 와이파이도 됐다. 각자 꺼내 놓은 배터리만도 상당해서, 충전하는 데만 이틀이 걸렸다. 앞으로는 전기가 공급되는 마을이 없어서 충전할 수 있는 마지막 기회였다. 오후 늦게 다국적 팀의 보급품이 도착했다. 우리는 내일이 휴일이라 마부들이 직접 가지러 간다고 했다.

라야 마을 야영지의 주인집

주인 할머니의 부엌에서 *

휴일 아침, 쏟아지는 햇살에 눈이 부셨다. 멀리 설산도 보였다. 어제 미리 빨래해두어서 다행이었다. 아침을 먹자마자 텐트와 텐트 사이에 빨랫줄부터 걸었다. 일행들도 부랴부랴 빨래를 시작했다. 햇볕에서 빨래를 말린 건 이날이 처음이자 마지막이었다. 내친김에 등산화와 침낭도 죄다 널었다. 햇볕이 들어온 건 반나절에 불과했지만 충분했다. 잔디밭에 앉아 오랜만에 여유를 부리고 눅눅한 등산 장비를 말릴 수 있어 개운했다.

점심때쯤 우리보다 하루 늦게 출발한 다국적 팀이 도착했다. 그들의 등산화와 바짓가랑이가 진흙으로 범벅돼 있었다. 다국적 팀의 스태프들이 한쪽에 일곱 동의 주황색 텐트를 쳤다. 우리 텐트와 적당히 떨어진 곳이었다. 그들도 우리처럼 빨래부터 하고는 여기저기 널어놓았다. 빨래를 널어놓은 모양새나 장비 수준, 장비 정리 등을 보면 우리가 훨씬 체계적이었다. 그들은 트레킹 경험이 많은 사람과 그렇지 않은 사람이 섞인 것처럼 보였다.

오후에 소남에게 따뜻한 물을 부탁했다. 1인당 제공되는 물은 20리터, 화장실 옆 빈 곳이 샤워실이었다. 소남이 물주머니를 벽에 걸고 사용법을 알려주었다. 이 물로 머리도 감도 샤워도 하려면 빠듯할 듯했다. 어제 찬물로 머리 감길 잘했다. 씻을 생각이 없었던 일행들도 머리를 감거나 몸을 씻었다. 일상에서 샤워는 사소한 것이지만 히말라야에서는 사치에 속했다. 비록 처음이자 마지막 샤워였지만 시원함을 이루 말할 수 없었다.

식당에 모여 저녁까지 K님이 틀어주는 영화를 보았다. 작은 태블릿 화면인데도 영화관에서 보는 것처럼 다들 집중했다. 건조 김치를 챙겨 온 N님은 부대찌개를 만들기 위해 주방으로 내려갔다. 그런데 보급품 이 도착하지 않아 주방 팀도 저녁을 준비하지 못하고 있었다. 소남은 안 절부절, 곧 있으면 마부가 도착한다는 그의 말은 번번이 빗나갔다. 6시 30분. 완전히 어두워진 후에야 마부들이 돌아왔다. 그들의 신발은 진흙 투성이었다. 말과 노새들은 피곤한 듯 눈을 절반쯤 감고 있었다.

바구니 안에는 식빵, 쌀, 양념 같은 것들이 가득했다. 우리가 매운 걸 잘 먹는다고 매운 고추도 10킬로그램이나 가져왔다. 앞으로 보름 동안 먹을 일용할 양식이었다. 보급품이 도착하자 가장 바빠진 건 N님이었 다. 햄을 썰어 찌개에 넣고, 채소는 고춧가루를 넣고 버무렸다. 이곳의 고추가 워낙 맵다 보니 부대찌개도 겉절이도 정신이 번쩍 들게 했다. 그 런데도 모두 정신없이 먹고 만족해했다. 저녁 시간에 맞춰 아라도 주문 했는데 이미 다국적 팀이 전부 가져간 뒤였다. 아쉬우면서도 내심 안심 됐다. 아까부터 소남이 과음하면 안 된다며 신신당부하던 차였다. 그는 한국인들이 술을 얼마나 좋아하는지 알고 있었다. 그렇다고 아예 못 마 시게 하는 것도 좋은 방법은 아니었다. 나는 맥주를 세 병만 주문했다.

대신 내가 덜 마시기로 했다.

　오랜만에 먹은 한식과 맥주 한 잔이 우리에게 작은 풍요를 주었다. '가끔'이 주는 행복이었다. 히말라야에서 만난 행복은 소소한 만족의 연속이었다. 햇빛 한 줌, 잘 마른빨래, 마른 땅을 걷는 쾌적함, 배터리를 충전할 수 있는 안도감, 딱 한 잔 마시는 맥주, 오랜만에 먹는 한식 같은 것들. 그러고 보면 부족함 속에서 느끼는 행복감이 더 컸다.

　이번 트레킹에서는 한식 재료를 따로 준비하지 않았다. 한식은 번거로우면서도 현지 음식에 비해 많은 재료가 들었다. 비빔밥만 해도 며칠간 사용할 채소를 한꺼번에 썼다. 찌개 종류도 채소가 많이 필요하긴 마찬가지였다. 누군가가 한식 재료를 관리하고, 한식을 만들어야 하는 수고도 무시하지 못했다. 그리고 이번에 처음 알았는데 현지 요리사에게 괜한 오해를 줄 수도 있었다.

　뒤에 소남이 나에게 넌지시 물었다. 혹시 요리사의 음식이 맛없어서 한식을 만들어 먹었는지. 바브는 정말 최선을 다해 음식을 만들었다. 그는 라야까지 열흘이나 되는 시간 동안 매일 다른 요리를 내왔다. 그런 그가 보기에는 우리가 음식에 불만이 있어서 직접 한식을 만들었다고 생각한 모양이었다. 아마도 다른 나라 팀에서는 잘 일어나지 않는 일인 듯했다.

　트레킹 중에는 서열 1위가 가이드, 그다음이 요리사다. 늘 함께 다니는 가이드보다 요리사에게 더 후한 점수를 주는 팀도 있다. 그만큼 음식이 중요하다. 대개의 요리사는 자기 음식이 손님들에게 어떤 평가를 받는지 무척 신경 쓴다. 식사 후 음식이 맛있었는지 물어보는 것도 그런 이유다.

나는 이번 일로 요리사에 대해 다시 생각하게 되었다. 그가 계획하고 준비한 음식이 있었을 텐데, 우리의 일방적인 통보로 취소해야 했다면? 그에게 양해를 구하는 게 순서였을 텐데 왜 우리는 그러지 못했을까? 왜 우리는 한식을 만들고 싶으면 언제든 통보하고, 언제든 주방을 점령할 수 있다고 생각했을까? 그의 직업적 자존심과 자부심을 하찮게 여겼던 건 아닐까? 나는 처음으로 그들에게 그들만의 영역이 있음을 의식했다. 주방 공간은 그들의 영역이었다.

이제는 히말라야에 갈 때 번거로운 한식 재료를 준비하지 않을 생각이다. 모든 음식을 요리사에게 맡기고 그저 맛있게 먹으련다.

오랜만에 한가한 여유를 즐기는 일행들

보급품을 지고 저녁 늦게 도착한 말과 노새들

우리의 보급품

시작되는 추위

서리가 내렸다. 그만큼 기온이 떨어졌지만 모처럼 깨끗한 날을 맞았다. 어제 보급받은 뒤 아침도 다시 푸짐해졌다. 보통 달걀, 시리얼, 우유, 주스, 팬케이크, 토스트 등이 나왔다. 스태프들은 연속으로 같은 음식을 주지 않았다. 오늘 토스트가 나왔다면 내일은 팬케이크가 나오는 식이었다. 시리얼과 주스 종류도 매일 달랐다. 귀한 달걀은 인원수대로 나누고 나머지는 먹고 싶은 만큼 먹었다. 음식을 넉넉히 주는 편이라 대체로 남았다.

날씨가 무색하게 라야를 빠져나가는 게 만만치 않았다. 마을 안쪽인데도 멀쩡한 길이 하나도 없었다. 어제 마을 구경에 나선 다국적 팀이 죄다 진흙투성이로 돌아온 이유가 있었다. 진흙탕은 우리를 자주 시험에 들게 했다. 진흙탕이 아닌 계절이 있을까 싶을 정도로 걷는 길 대부분이 그랬다. 말과 노새들은 질척거리는 길을 무상무념으로 걸었다. 그렇게 종일 걸으면 다리와 배가 진흙으로 시커멓게 됐다. 그러거나 말거나 마을은 평화롭기만 했다. 한 아이가 지나가는 우리를 물끄러미 바라보았다. 아이 사진을 잘 찍지 않는 나도 그 모습에선 어쩔 수 없었다. 아이의 맑고 순수한 눈동자가 오래도록 남았다.

우리 옆으로 자전거 몇 대가 지나갔다. 이런 곳에 자전거가? 그들은 네 명으로 구성된 스위스 자전거 팀이었다. 세계 최초로 '스노우맨 트렉 II'를 산악자전거로 도전한단다. 코스는 우리와 같았다. 자전거 팀 가이드는 거의 뛰다시피 그들을 따라갔다. 부탄은 가이드 없이는 아무 곳에도 갈 수 없었다. 소남은 배낭에 늘 태양광 충전기를 매달고 다녔다. 저녁때 식당 텐트의 전등을 켜기 위해서다. 우리도 개별적으로 태양광 충전기를 준비했는데 생각보다 충전할 기회가 없었다. 야영지에 도착하면 오후 3시가 넘을 때가 많아서였다.

대부분 히말라야 지역이 그렇듯 부탄도 국경지대라 군부대가 있었다. 친인도 성향이 강한 부탄은 인도가 국방을 맡고 있어서 이곳에도 인도 군인들이 보였다. 소남이 부대에 도착하자 여군 하나가 달려오더니 그를 덥석 끌어안았다. 얼마나 반가운 친구 사이인지, 보는 내가 짠했다. 기념으로 두 사람의 사진을 찍어주었다. 우리는 출입 신고만 하고 바로 출발했다.

한참 내려가다가 코히 라(Kohi La 3,300미터) 직전에 왼쪽으로 방향을 틀었다. 오른쪽은 이 지역에서 유일하게 차가 들어오는 가사(Gasa 2,760미터)로 가는 길이었다. 우리 보급품도 가사에서 받아왔다. 왼쪽 길로 들어서자 오르막이 시작됐다. 소남의 걸음이 점점 빨라졌다. 그는 전날 저녁에 브리핑도 하지 않았다. 그에게 천천히 갈 것과 저녁마다 브리핑하는 것을 잊지 말라고 당부했다. 적어도 다음날 몇 시간 걷는지 정도는 소냠이 미리 말해줬으면 했다. 다행히 그는 한번 말하면 금방 알아들었다.

라야 마을을 출발하며

라야 마을에서 만난 꼬마

소남이 부탄 인사말을 알려 주었다. '쿠즈장포라(Khujzangpora)' 부탄 말로 안녕하세요, 라는 뜻이다. 발음이 어려워 몇 번이고 되뇌어도 잘 외워지지 않았다. 마지막의 '라'는 존경의 의미라 친구에게는 '쿠즈장포'로 인사한다고 했다. 열심히 외워서 지나가다 마주치는 사람들에게 인사를 건넸다. 그럴 때마다 그들도 수줍게 웃으며 인사를 보내왔다.

새로운 보급품을 배분하느라 늦는지, 점심때가 되어도 장포 아저씨와 카르마가 보이지 않았다. 언덕에 올라서서 그들이 오기를 기다렸다. 그 사이 서양인 하나가 군인 2명과 같이 내려갔다. 스노우맨 트렉에서 마라톤을 하다가 고산병이 걸렸단다. 2022년 부탄에서는 기후 변화의 위험성을 경고하기 위해 '국제 스노우맨 레이스' 대회를 개최했다. 평균 4,500미터 고지대에서 203킬로미터를 달려야 하는 극한의 마라톤이었다. 11개국에서 총 29명이 참여했는데 웬일인지 우리가 만난 사람들은 대부분 걷고 있었다.

점심 장소가 마땅치 않아 1시 반이 돼서야 먹었다. 점심을 먹고도 계속해서 고도를 높이는데, 야영지가 나올 기미가 보이지 않았다. 저녁이 다 돼 가는데도 마부들이 보이지 않아 불안했다.

9시간 만에 로도푸(Rodophu 4,270미터)에 도착했다. 해가 지자 기온이 급격히 떨어졌다. 추위를 피할 수 있는 곳은 허름한 대피소뿐이었다. 추워서 어정쩡한 자세로 서 있는데 장포 아저씨가 어디선가 뜨거운 물과 쿠키를 가져왔다. 곧이어 라면도 끓여왔다. 알고 보니 자전거 팀의 요리사가 아저씨의 동생이었다. 배고픔은 해결되었고, 이제부터는 추위가 문제였다. 바깥에 나가보니 스태프들이 나뭇가지를 모으고 있었다. 나도 주변을 돌아다니며 거들었다. 그런데 기름이 없다 보니 불이 자꾸 꺼졌다. 가지고 다니던 서류 중 필요 없는 종이를 모아 불쏘시개로 만들었다. 불이 붙자 자전거 팀의 마부가 큰 칼로 나무를 쪼개기 시작했다. 연기가 피어오르면서 불길이 번졌다. 막 따뜻해지려던 찰나 멀리서 종소리가 들렸다.

말과 노새들이 도착한 건 완전히 어두워진 다음이었다. 소남은 우리에게 늦어서 미안하다는 말부터 했다. 말 한 마리가 발에 못이 찔려서 늦었단다. 한 마리가 천천히 가면 다른 말들도 천천히 가서 어쩔 수 없다고. 짐이 늦었지만 우리는 이렇다 할 말을 하지 않았다. 변수가 많은 히말라야에서는 그럴 수 있는 거라며 유쾌하게 받아들였다. 서둘러 저녁을 준비하려는 바브에게도 괜찮다고 했다. 이미 쿠키와 라면으로 배가 든든했다.

스태프들은 짐을 내리자마자 텐트부터 치기 시작했다. 죄다 돌밭이라 텐트 하나 치는 데도 오래 걸렸다. 휴대전화를 입에 물고 텐트 치는 모습에 일행들에게 랜턴 2개를 빌려 불을 비춰주었다. 스태프들은 텐트 설치가 끝나자마자 텐트마다 핫워터백을 넣어 주었다. 고단할 텐데도 그들은 늘 우리 먼저 챙겨주었다.

숲속에서 먹는 점심

불을 피우는 스태프들

어두워진 후에 도착한 말과 노새들

스노우맨 트레킹의 날씨는 라야 이전과 이후로 나뉘었다. 라야까지는 10일 동안 매일 비가 내렸지만 날씨는 따뜻한 편이었다. 라야 이후는 쾌청한 대신 쌀쌀해졌다. 갑자기 초가을에서 겨울로 바뀐 느낌이었다. 스노우맨 트레킹이 가장 좋을 때는 9월 중순에서 10월 중순인데 이후는 추위 때문에 좋지 않은 듯했다. 아침에 출발하는데 손끝이 시리다 못해 아팠다. 그러다 햇빛이 들면 순식간에 더워졌다. 이틀째 이어지는 오르막에서 스위스 팀은 자전거를 지고 올라가는 괴력을 보여줬다. 그들은 고개를 오를 때마다 매번 그랬다.

내가 히말라야에서 가장 좋았던 곳은 혼자 구석구석 다녔던 네팔이었다. 그 길을 함께 한 스태프들을 생각하면 늘 고마운 마음이 든다.

라야에 있을 때 네팔에서 한 통의 전화를 받았다. 단골 여행사 사장인 쭘세였다. 그는 다울라기리에서 발과 데브가 죽었다며 허탈하게 웃었다. 트레킹 중에 폭설로 사고가 생겼단다. 포터부터 시작해서 가이드가 된 지 얼마 안 된 친구들이었다. 이제 20대인 그들의 삶이 이렇게 끝나 버리다니. 데브는 며칠 후 네팔에서 만나기로 했는데, 허망했다. 그 친구들과 함께 걸었던 네팔의 여러 길이 생각났다. 올해는 이상 기온으로 유독 히말라야에 많은 눈이 내렸다. 히말라야 곳곳에서 사고가 났고 많은 사람이 눈 속에 묻혔다. 한 달 후 네팔의 어느 고갯마루에 섰을 때, 나는 그들을 생각하며 다울라기리를 향해 절을 했다. 잘들 가시라, 그곳에서는 부디 편안하시라.

엄마가 돌아가신 후부터 죽음이 선명해졌다. 처음으로 죽음을 목격한 뒤로 한동안 죽음이 머릿속을 떠나지 않았다. 죽음보다 남겨질 것들이 두려웠다. 그때부터 죽음을 준비했다. 나와 관련된 모든 서류를 한 바구니에 모아 놓았다. 집을 떠나 멀리 갈 때가 되면 하루 동안 꼬박 집을 청소했다. 혹시 내가 돌아오지 못했을 때 내가 살던 집이 단정했으면 해서다. 히말라야로 떠날 때면 종종 그곳이 나의 마지막 장소가 될지도 모른다고 생각한다. 자신이 오래 머무는 곳에서 떠날 확률이 높을 테니까.

죽음이 두렵다가도 한없이 너그러워질 때가 있다. 히말라야에 다녀와서 책을 쓰고 산악잡지 〈월간 산〉에 연재하기 시작한 것도 그래서였다. 내가 다녀왔던 곳을 아낌없이 들려주고 보여주고 싶었다. 수만 장의 사진을 그냥 두기엔 너무 아까웠다.

로도푸를 출발하며 *

멀리서 오색깃발이 보이면 제대로 왔구나 싶어 확인받는 기분이었다. 수모 라(Tshumo La 4,878미터)에는 큰 돌탑이 있었고, 그 위에 누군가 걸어 놓은 타르초가 펄럭였다. 네팔과 인도에서도 고개를 넘을 때면 꼭 돌탑과 타르초가 있었다. 소남이 서북쪽 설산을 가리키며 칸첸중가라 했다. 네팔과 시킴 사이에 있는 산이 여기에서 보인다고? 지도를 보니 그럴 만했다. 이 주변에서 저렇게 덩치 큰 산은 칸첸중가밖에 없었다. 게다가 부탄과 네팔 사이의 시킴은 아주 좁은 곳이었다. 얼마든지 보일 수 있는 거리였다.

우리가 칸첸중가를 보고 있는 동안 말과 노새들이 지나갔다. 대장인 수컷 노새는 늘 도도해 보였다. 출발할 때 머리에 씌우는 자주색 털 장식이 워낙 화려해서다. 목에 달아 놓은 많은 방울과 종소리도 화려함에 일조했다. 녀석은 자기가 대장인 줄 알아서 누구도 앞지르지 못하게 했다. 다른 녀석들이 걷다가 풀을 뜯을 때도 대장 노새는 앞만 보며 묵묵히 걸었다. 몸집이 작은 데도 녀석에게 대장을 맡긴 이유가 있었다.

H님은 지난번 감기에 이어 이번에는 허리가 좋지 않았다. 잠자리가 불편했던 것일까. 일행들이 약과 허리 보호대를 챙겨줬는데도 차도가 없었다. 그는 너무 고생스러웠는지 중간에 포기하려고도 했다. 하지만 이곳에서는 탈출로가 없었다. 일정대로 가나, 중간에 하산하나 며칠간 걷기는 매한가지였다.

오늘의 두 번째 고개인 라담 라(Ladam La 4,906미터)는 수월하게 올라갔다. 이 고개만 넘으면 야영지가 지척일 줄 알았는데 착각이었다. 소남이 3시간 반이나 더 간다고 했을 때도 설마 그럴까 했다. 그는 앞에 보이는 강라카충(Gangla Karchung 6,395미터) 아래가 나리탕(Narithang 4,911미터)이라고 했다. 이미 두 개의 고개를 넘은 데다 계속 고도를 높이는 중이라, 언뜻 보기에는 2시간이면 충분할 것 같았다. 하지만 높은 곳에서는 아무리 완만한 곳이라도 속도가 나지 않는다. 산소가 절반으로 줄면서 다리가 모래주머니를 매단 것처럼 무겁다. 결국, 소남이 말한 대로 3시간이 넘게 걸렸다.

부탄 스태프들은 나를 여러 번 놀라게 했다. 캠프 매니저인 지미가 베갯잇을 바꾸고 있었다. 베개도 놀라운데 베갯잇까지 바꿔줄 줄은 몰랐다. 그나저나 야영지가 4,900미터가 넘으니 밤이 걱정됐다. 아침에는 또 얼마나 추울지. 갈아입을 옷과 양말을 침낭 발밑에 넣어뒀다. 여기에 핫워터백도 같이 넣어 두면 아침에 따뜻한 옷을 입을 수 있다. 약간 젖은 옷도 이런 식으로 말리면 뽀송뽀송해졌다.

언제나 반가운 말과 노새들

라담 라로 항하는 일행들 *

나리탕 가는 길

아름다움의 절정

모든 것이 얼어버렸다. 이런 아침에도 장포 아저씨와 카르마는 텐트마다 돌아다니며 차를 주었다. 짐을 정리하다 멈추는 것이 싫어서 나는 매번 사양했지만 내 텐트도 잊지 않고 다녀갔다. 그 사이 몇몇 스태프들은 짐 정리가 끝난 일행의 텐트를 정리했다. 하얀 입김을 내뱉으며 바깥으로 나갔다가 깜짝 놀랐다. 부지런한 스태프들이 벌써 식당 텐트를 치워버렸던 것. 다들 앉지도 못하고 발을 동동 굴렀다. 스태프들은 날씨가 좋으면 야외에다 아침 식사를 차리곤 했는데 인간적으로 너무 추운 아침이었다. 그들은 이 날씨가 춥지 않다는 말인가? 우리의 아우성에 결국 스태프들이 다시 텐트를 설치했다. 여럿이 하니 금방이었다. 얇은 텐트가 별것 아닌 것 같아도 은근히 따뜻했다.

아침부터 자전거 팀 마부가 바쁘게 움직였다. 그런데 표정이 좋지 않았다. 말 일곱 마리가 도망갔단다. 주변에 풀이 많지 않으면 이런 일이 심심찮게 벌어지는 듯했다. 다행히 나중에 말을 찾았다는 소식을 들었다. 어제 고도를 충분히 올려놓은 덕분에 오늘 넘어야 할 고개가 빤히 보였다. 높은 곳이라 해가 금방 들어 아프던 손끝에도 온기가 돌았다. 스위스 팀은 오늘도 자전거를 지고 올라갔다. 하산할 때는 자전거를 타고 내려가서 우리보다 훨씬 빨랐다.

고개 정상이 가까워질수록 청록빛 호수가 드러났다. 이때만 해도 얼마나 멋진 풍경이 기다리는지 전혀 몰랐다. 강라카충 라(Gangla Karchung La 5,120미터)는 지금까지 지나왔던 모든 곳을 압도하는 풍경이었다. 고생이라면 고생이었을 지난 여정이 한 번에 보상되는 듯했다.

고개 정상에서 바라본 설산은 웅장하고 기품있고 아름다웠다. 가슴 저 안쪽으로 뜨거운 것이 지나가며 순간 울컥한 마음이 들었다. 히말라야 신께 허락받은 기분이었다. 나는 배낭에서 카타(Khata, 티베트 불교에서 감사와 행운을 축원하는 흰 스카프)를 꺼냈다. 부탄에 처음 도착했을 때 가이드가 걸어준 스카프였다. 나무 기둥에 카타를 리본으로 묶고 우리의 여정에 감사드렸다. 언제부터인가 히말라야 곳곳에 카타를 리본으로 묶고 다녔다. 네팔과 인도에 이어 부탄까지. 그곳 어딘가에서 리본으로 묶은 카타를 보게 되면 한 인간이 히말라야 신께 드리는 감사의 표시라 생각해주기를. 종교가 없지만 히말라야에서는 신의 존재를 믿는다. 히말라야에서 신은 처음이자 마지막이고 모든 것이었다.

부탄에서 걷는 동안 나는 매일 엄마의 등산복을 입었다. 다른 히말라야도 아니고 부탄 히말라야여서 좋았다. 길고 긴 히말라야 횡단 트레킹의 마지막이 엄마와 함께여서 다행이고 기뻤다. 엄마는 갑자기 돌아가셨다. 아침에 통화하며 안부를 물었을 때 목소리가 좋아서 안심했는데, 다음 날 새벽에 돌아가셨다. 2021년 12월 31일이었다. 슬픔은 늦게 찾아왔다. 혼자 있는 동안 자주 울었고, 여전히 엄마를 생각하면 눈물이 난다. 후회했고, 아팠고, 미안했고, 보고 싶었다. 나는 어디선가 엄마가 보고 있다고 믿는다. 그래서 잘 살 생각이다.

소남은 우리에게 매우 운이 좋다고 했다. 그간 부탄의 날씨를 보았을 때 이렇게 깨끗한 날은 그의 말대로 큰 행운이었다. 소남은 강라카충 라가 라야와 루나나 지역의 경계라 했다. 동충하초 시즌이면 사람들이 산으로 몰려드는데 서로의 지역을 넘지 않는단다. 각 지역에서 흐르는 강의 이름도 독특했다. 라야 지역에서 흐르는 강은 '어머니 강' 모 추(Mo Chhu)라 부르고, 루나나 지역에서 흐르는 강을 '아버지 강' 포 추(Pho Chhu)라 했다. 두 강은 후에 '푸나카 종(Punakha Dzong)'에서 만나는데 왠지 낭만적인 소설 같았다. 부탄에서 시작하는 모든 물줄기가 인도로 흘러가는 것도 인상적이었다.

먼저 도착한 자전거 팀은 촬영하느라 신이 났다. 우리는 물론 스태프들도 덩달아 신이 나서 같이 사진 찍느라 바빴다. 특히 소남이 가장 바빴다. 그의 사진 솜씨가 좋다 보니 다들 소남만 찾았다. 우리는 그동안 이런 히말라야에 굶주려 있었다. 정상에서 1시간 넘게 머물렀는데도 내려가는 게 아쉬웠다.

강라카충 라에 묶은 카타

언제 다시 이런 풍경을 보겠나 싶었다. 하지만 속단하기에는 일렀다. 장포 아저씨와 카르마가 점심 장소로 정한 곳은 그야말로 기가 막힌 곳이었다. 청록빛 빙하 호수와 그 뒤로 웅장한 타리 강(Tari Gang 7,300미터)의 아름다움 앞에서 우리는 마냥 행복한 아이가 되었다. 풍경에 취한다는 게 이런 것일까. 마음이 들떠 점심 먹는 것도 잊고 산만 바라보았다. 눈앞에 놓인 풍경은 그대로인데 신기루처럼 사라질 것 같은 불안함이랄까. 같은 장면을 수십 장 찍고도 갈증이 해소되지 않았다.

그러나 아름다운 빙하 호수가 마냥 낭만적이지만은 않았다. 1960년대 빙하 호수가 무너져 푸나카 지역에 큰 홍수가 난 적이 있었다. 어디 부탄뿐인가. 8천 미터급 고봉이 모여 있는 파키스탄과 네팔도 빙하 호수에서 안전하지 못했다. 빙하가 빠르게 녹고 있어 호수마다 아슬아슬했다. 빙하 호수 하나만 터져도 강 주변의 모든 마을이 한꺼번에 쓸려나간다. 지구 온난화 주범은 소위 선진국이라고 하는 나라들인데, 정작 그 피해는 부탄, 네팔, 파키스탄 같은 나라들이 보고 있다.

아름다운 타리 강과 빙하 호수

아쉬웠지만 자리를 털고 일어났다. 잔돌이 많은 길에선 좀처럼 속도가 나지 않았다. 계곡까지 내려와서는 물을 건너느라 조심스러웠다. 길 전체가 물에 잠긴 곳이 한두 군데가 아니었다. 와중에 물은 또 얼마나 깨끗한지. 부탄은 가파른 지형에 물이 풍부해 수력발전에 유리했다. 적어도 내가 다녔던 히말라야 중에서는 가장 물이 많았다. 어느새 어둑어둑해졌다. 소남에게 야영지까지 얼마나 남았는지 물었더니 모르는 눈치였다. 앞으로 1시간은 더 가야 할 것 같단다. 그런데 20분쯤 갔을까. 눈에 익은 텐트가 보였다. 원래 야영지는 좀 더 가야 하는데 우리가 늦을 것 같아서 여기에 텐트를 쳤단다.

강 옆의 타리나(Tarina 4,099미터)는 물기가 많은 곳이었다. 슬리퍼를 신고 걸을 때마다 물기가 배어 나와 축축했다. 바브가 간식으로 라면을 준비했다. 인도 라면에 매운 고추를 넣어 국물이 시원하고 깔끔했다. 그는 정말 솜씨 좋은 요리사였다. 소남은 웬일인지 눈에 다래끼가 났다. 그에게 항생제와 비타민B를 챙겨주었다. 말도 잘 통하지 않는 외국인들 챙기랴, 일찍 일어나랴 피곤할 법도 했다. 소남은 몇몇 스태프들과 식당 텐트에서 잤다. 우리가 저녁을 먹고 오랫동안 수다를 떨면 그들이 자는 시간도 늦어졌다. 이른 아침부터 식당 텐트로 향하면 그들은 그만큼 덜 자는 수밖에 없었다.

마부 체링과 틸레는 다른 스태프들보다 야생성이 강했다. 늘 옆구리에 차고 다니는 칼로 나무를 거침없이 베었다. 그들은 숲 전체를 벨 생각인가 싶을 정도로 큼지막한 나무들을 끌고 왔다. 덕분에 우리는 종종 불 앞에서 넋 놓고 불구경하는 호사를 누렸다. 나는 이번에 스태프들을 위해 작은 선물을 준비했다. 2022년도에 출간한《성장의 길, 북인도 히말라야》와 함께 굿즈로 만든, 히말라야 전체 지도가 그려진 멀티 스카프였다. 너무 맘에 들어 몇 장 챙겨왔는데 누구에게 줄지 난감했다. 보통은 일을 제일 잘하는 사람에게 주지만 우리 스태프들은 모두가 잘해서 고민이었다. 결국, 야생성이 강한 체링과 틸레에게 주었다. 왠지 그들에게 가장 필요할 것 같았다.

타리나 가는 길에 물을 건너는 일행들

저녁을 준비하는 요리사

아침에 화장실 텐트에 가보니 전날 파놓은 구덩이에 물이 한강이었다. 물기가 많은 곳이라 구덩이로 물이 모인 듯했다. 우리는 용변을 보고 나면 흙으로 덮어 다음 사람을 배려했다. 흙이 없으면 주변에서 풀이나 낙엽을 가져다가 덮었다. 스태프들도 우리의 이런 사정을 알고 구덩이를 판 흙을 바깥으로 내보내지 않았다. 우리 일행들은 언제나 시간을 정확하게 지켰다. 쓰레기는 꼭 가지고 나와서 식당 텐트 옆 자루에 버렸다. 어떤 일행은 카고백까지 밖으로 내놓았다. 그러면 스태프들이 그 텐트부터 정리했다. 스태프들은 우리 카고백을 대형 비닐에 넣은 후 다시 큰 자루에 넣었다. 덕분에 짐이 항상 깨끗했다.

강을 따라 내려가는 길은 편했지만 저지대로 내려오기만 하면 진흙탕이 먼저 반겼다. 나무로 가득 찬 숲은 물기가 잘 마르지 않았다. 1시간을 내려가서야 자전거 팀의 야영지를 만났다. 그곳은 마른 땅이라 쾌적했다. 자전거 팀은 이미 출발했고 남은 스태프들이 짐을 싣는 중이었다. 한쪽 다리가 묶인 말과 노새들이 다소곳하게 서 있었다. 그 뒤로 설산이 아름답게 빛났다. 우리가 살그머니 말 옆에서 사진 찍는 동안에도 녀석은 눈만 내리깔 뿐 움직이지 않았다.

현지인들이 텐트 친 곳은 더 넓은 야영지였다. 큰 팀은 이곳에서 야영한다는데, 어제 우리가 7시간 걸렸으니 여기까지는 오려면 못해도 9시간은 걸릴 것 같았다. 지난번에 보았던 붉은 바위가 다시 나타났다. 가까이에서 보니 빨간 인주를 붙여 놓은 듯했다. 이끼들이 어떤 방법으로 다른 바위로 퍼져나가는지 궁금했다. 폭포도 자주 보였다. 침엽수림을 지나기도 했다. 그러다 적당한 곳이 나오면 자리 깔고 점심을 먹었다. 우리의 모습이 꼭 농사일 중간에 새참 먹는 농부들 같았다.

작은 마을인 워체(Wochey 3,911미터)의 집들은 모두 규모가 컸다. 3~4세대가 같이 살아서란다. 부탄 사람들은 집을 꾸미는데 지극 정성이었다. 웬만한 집은 처마 아래가 우리나라 사찰처럼 화려했다. 부탄의 전통 가옥에는 흰색 바탕에 여덟 가지 행운을 상징하는 그림이 그려져 있다. 황금물고기, 연꽃, 용, 호랑이 그림 등이다. 특이하게도 집 벽에 적나라한 남근 그림이 그려진 집이 많았다. 남근 그림이 나쁜 기운을 없애 준다는 믿음 때문이었다. 전통 가옥은 쇠못을 사용하지 않고 흙과 나무로 지으며, 완성하는데 보통 7~8개월 정도 걸린다. 1층은 가축들이 지내고, 2층은 식품 창고, 사람들은 3층에 거주한다. 옥상은 야외공간으로 곡물을 말리는 등의 창고로 사용한다.

부탄은 전통적으로 모계사회다. 동부 부탄을 제외하고, 결혼하면 남자가 여자 집으로 들어간다. 집안의 땅과 재산은 딸에게 상속된다. 아들에게 상속되기도 하지만 비율이 딸보다 적다. 부모는 딸이 모시고 아들은 가족을 건사할 의무가 거의 없다. 서민들과 달리 왕족과 대신들은 부계 중심이다. 국회의원, 장관 등 고위공직자들 역시 거의 남성이다.

부탄은 성에 관대해 결혼과 이혼이 자유롭다. 예전에는 '밤 사냥'이라는 문화가 있어 한밤중에 남자가 몰래 여자 집에 들어가는 관습이 있었단다. 남자가 아침까지 여자의 집에 머물면 결혼한 것으로 간주했는데, 3~4세대가 모여 사는 부탄의 대가족을 생각했을 때 아침까지 몰래 있기란 쉽지 않았으리라. 남녀가 함께 살기 시작해도 결혼으로 여겼다. 가부장적인 측면이 적은 부탄은 아이가 태어나면 부부가 함께 돌본다. 부탄에 노인 복지시설이나 보육원, 노숙자 등이 없는 이유도 대가족이 함께 돌보기 때문이다. 부탄은 이혼이 흔한 편이라 수치스럽게 생각하지 않는다. 헤어지면 자연스럽게 이혼이 되고 아이는 보통 엄마가 키운다.

이런 부탄도 서양의 결혼 제도가 도입되면서 결혼식이 일반화되었다. 이혼 절차도 복잡해졌다. 동부 부탄에는 티베트 문화인 일처다부제가 아직도 남아 있다. 형제가 한 여자와 결혼하기도 하는데, 재산 유지를 위한 방편이었다. 자녀를 낳으면 큰형에게만 아버지라 부르고 나머지는 삼촌이라 불렀다. 최근에는 동충하초로 경제력이 좋아지면서 이런 관습이 사라지는 추세란다. 부탄은 왕뿐만 아니라 국민에게도 일처다부와 일부다처가 세 명까지 인정된다. 그러나 실제로는 대부분 일부일처다.

루나나 지역의 워체는 동충하초로 유명했다. A급 동충하초는 같은 무게의 금보다 비쌌다. 주민들은 5월 둘째 주에서 6월 셋째 주 사이에 동충하초를 캐는 데 열을 올린다. 부탄에서 동충하초를 캘 수 있는 사람은 원래 고산지역에서 살던 사람들뿐이다. 한집 당 최대 세 명만 허가하고 12세 미만은 안 된다. 예전에는 동충하초 대부분을 중국으로 수출했다. 요즘은 베트남, 싱가포르, 말레이시아를 비롯해 중국인이 많은 나라와 미주, 유럽까지 수출하고 있다.

오랜만에 오후 3시 전에 야영지에 도착했다. 볕이 가득한 야영지는 아늑했다. 이런 날은 다들 자연스럽게 등산화와 침낭을 내다 널었다. 마부들은 이번에도 나무를 잔뜩 해왔다. 카르마는 모닥불 옆에 나무를 꽂아 작은 빨래 건조대를 만들었다. 그러고는 스태프들의 양말을 가져다가 널었다. 좋은 아이디어였다. 모닥불 한쪽에서는 커다란 알루미늄 통에 설거지용 물을 데웠다.

저녁을 먹고 심심하던 차에 설거지하는 키노와 카르마를 지켜보았다. 너무 어두워서 밝은 랜턴을 가져다 그들을 비춰주었다. 두 친구는 설거지하면서 이런저런 질문을 했다. BTS와 블랙핑크를 아는지 물었지만 나는 연예인에게 관심이 없었다.

키노가 내 이름을 물어봤다. 북인도에서 지었던 '돌마'라고 알려주었다. 그는 돌마가 티베트 불교식 이름이라며 마담 돌마로 부를지, 그냥 돌마로 부를지 다시 물었다. 나는 그냥 돌마로 불러 달라고 했다. SNS의 나의 필명 옆에도 '히말라야 돌마'를 추가했다. 그러고 보니 지역이 바뀔 때마다 현지 스태프들이 나를 부르는 이름이 달랐다. 파키스탄에서는 현지 이름인 '굴샨', 네팔에서는 누나라는 뜻의 '디디', 북인도에서는 부탄과 마찬가지로 '돌마'로 불렸다. 나는 네팔 친구들이 디디로 불러줄 때가 가장 좋았다. 그들과 함께 걸었던 길에서 나는 언제나 디디였고, 디디이고 싶었다. 내가 매년 우정의 마음으로 네팔에 가는 이유이기도 하다.

모닥불 주변으로 우리뿐 아니라 스태프들까지 전부 모였다. 바브는 내일 아침과 점심 재료를 다듬느라 바빴다. 누가 먼저 시작했는지 모르겠다. 소남이 틸레가 노래를 잘한다고 했던가. 부탄 전통 노래와 춤이 흘러나왔다. 춤은 파키스탄과 네팔에서 보던 것과 비슷했다. 히말라야에서 스태프들이 노래하고 춤을 출 때면 우리는 언제나 구경꾼 입장이었다. 그런데 여기서는 모두가 손을 잡고 함께 춤을 추었다. 함께 한다는 건 가슴 뭉클하게 했다. 부탄 사람들에게는 유독 '영혼'이라는 말이 잘 어울렸다. 우리가 모르는 그들만이 아는 행복이 있는 것 같았다.

남근 그림이 그려진 부탄의 전통 가옥

모두와 함께 모닥불 앞에서

1년 중 가장 부지런해지는 때를 물으면 히말라야에 있을 때라고 대답할 것 같다. 아침잠이 많은 내가 히말라야에서는 6시에 일어나 짐을 꾸렸다. 시간을 지키기 위해 항상 신경 썼다. 나는 히말라야에 있을 때 가장 건강했다. 규칙적인 생활과 적당한 운동, 적절한 식사가 나를 건강하게 했다. 일 년에 몇 개월을 히말라야에서 걷고 있지만 정작 돌아가서는 종일 책상 앞에만 앉아 있다. 새로운 트레킹을 준비하거나, 책을 쓰거나, 아르바이트하며 보내는 시간이다. 사람들은 내게 히말라야에 가기 전에 어떤 운동하는지 묻지만 나는 평소에 운동하는 사람이 아니다. 걷고 움직이는 건 히말라야에 있을 때뿐, 히말라야에 가지 않을 때는 전부 히말라야를 준비하는 시간이라고 해도 과언이 아니다.

산 어디에도 물이 흘러 내려오는 곳이 없는데 호수가 있었다. 그럴 때면 어딘가에 분명히 존재할, 보이지 않는 수맥을 상상했다. 그렇다 해도 에메랄드 물빛은 어떻게 설명되려나. 모든 일에는 이유가 있다지만 자연에는 이유가 없는 것 같기도 하다. 신이 이해의 대상이 아닌 것처럼 '받아들임' 자체가 아닐지. 조금 더 올라가자 호수 하나가 더 나왔다. 지도를 보니 이 일대에 크고 작은 호수가 많았다.

타르초가 펄럭이는 것을 보니 케체 라(Kechey La 4,661미터)였다. 먼저 도착한 스위스 남자는 자전거만 두고 호수를 보러 다시 내려갔다. 그들이 우리처럼 가벼운 배낭만 메고 걸으면 하루에 얼마나 갈 수 있을까. 말과 노새가 하루에 이동하는 거리가 정해져 있어 무한정 갈 수는 없겠지만, 그들이라면 시간을 꽤 단축할 것 같았다. 소남은 정상에 도착하자마자 끊어진 타르초부터 연결했다. 마음이 고운 사람이다. 타르초의 다섯 가지 색은 우주의 다섯 원소(청-하늘, 백-물, 홍-불, 녹-바람, 황-땅)와 다섯 방향(중앙-동-서-남-북)을 뜻한다. 보통 고갯마루, 산 정상, 신성한 장소 등 티베트 불교 문화권에서 흔하게 볼 수 있다.

우리 팀과 자전거 팀의 말을 구분하는 방법은 간단했다. 화려한 자주색 장식을 한 녀석이 우리 팀의 대장이다. 자전거 팀의 대장은 아무 장식이 없었고 선두가 수시로 바뀌었다. 녀석들은 누군가 길을 막고 있는 것을 좋아하지 않았다. 어떻게든 뚫고 지나가기 때문에 먼저 양보하는 게 좋다. K님이 길을 비켜주는데 대장 노새가 그를 따라가다가 멈췄다. 녀석의 새초롬한 표정이 왠지 시트콤의 한 장면을 보는 것 같아 웃음이 났다.

일정표를 유심히 보던 소남의 표정이 좋지 않았다. 일정 중 한 곳이 하루에 열다섯 시간을 걸어야 하는 곳이란다. 그는 잠시 고민하더니 탄자(Thanza 4,165미터)에서 휴식하지 않고 이틀에 걸쳐 가면 된다고 했다. 일정상 실수인 듯했지만 여기까지 온 마당에 방법이 없었다. 우리는 소남의 말에 따르기로 했다.

헤디(Lhedi 3,728미터)는 작은 마을이었지만 학교가 있었다. 디글

(ㄷ) 모양의 학교 가운데에는 운동장이 있고 양쪽으로 국왕의 사진이 있었다. 부탄은 독특하게도 가정집, 학교, 식당, 호텔, 마트, 상점 등에 국왕의 사진이 걸려 있다. 역대 왕의 사진이 같이 있거나 왕비의 사진, 왕의 가족사진이 있는 곳도 있었다. 왕의 얼굴을 배지로 달고 다니는 사람도 보았다. 어떤 연예인이나 배우보다도 인기가 높았다.

부탄 사람들은 국왕을 진심으로 사랑하고 존경했다. 피를 흘려 민주주의를 이룩한 나라들과 달리 부탄은 국왕 스스로 민주헌법을 제정했다. 국정철학이 국민총행복인 나라답게 국가 정책의 기준이 '국민의 행복'이다. 부탄 국왕의 리더십은 코로나 때 더욱 빛났다. 5대 국왕은 사유재산을 털어 생계에 어려움을 겪는 국민을 지속적으로 지원했고, 고립된 마을을 직접 찾아다니며 민생 안정에 힘썼다. 국왕에 대한 국민의 신뢰 못잖게 국왕 역시 국민을 사랑하고 존중하는 나라였다.

부탄의 학교에서는 국어인 종카어를 제외한 모든 수업이 영어로 진행된다. 조회 시간에도 종카어와 영어를 같이 쓴다. 50대 이하의 부탄 국민은 영어가 가능하다. 젊은이들은 유창한 영어로 국제기구나 해외에서 일할 때 잘 적응한다. 다양한 언어를 가진 나라들이 그렇듯 부탄 사람들 역시 언어 습득이 빠른 편이다. 부탄 사람이라면 기본적으로 종카어, 영어, 힌디어, 네팔어를 할 수 있다. 소남은 여기에다 중국어까지 가능했다.

야영지에 도착하면 저마다 휴식하는 방법이 다르다. 어떤 이는 혼자 음악을 듣거나 영화를 보고, 어떤 이는 사람들과 이야기를 나누며 긴장을 푼다. 나는 휴식 시간에 세 가지를 우선으로 했다. 짐 정리, 일기 쓰기, 그리고 빨래. 특히 유별나게 빨래를 자주 하는 편이었다. 여벌 옷과 속옷, 양말이 충분해야 안심되었다. 해마다 히말라야를 다니고 있지만 나는 같이 다닌 것보다 혼자 다닌 히말라야가 훨씬 길었다. 그래서일까. 마음속에 늘 악천후를 대비하려는 강박 같은 게 있다. 옷이 젖었는데 갈아입을 옷이 없다고 생각하면 끔찍했다. 반대로 언제든 갈아입을 수 있는 마른 옷이 있다고 여기면 마음이 편했다. 든든한 통장을 가지고 있는 기분이랄까.

일행을 따라가다 멈춘 대장 노새

높은 땅으로

우리는 부탄 히말라야에서도 가장 북쪽에 있었다. 눈앞에 보이는 캉푸 강(Kangphu Gang 7,212미터)은 중국(티베트)과의 국경이기도 했다. 매일 히말라야를 보며 걸으면서도 우리는 여전히 히말라야가 고팠다. 새로운 설산이 나타날 때마다 걸음을 멈추고 저마다의 방법으로 풍경을 담았다. 눈으로만 담기엔 기억이란 놈을 믿을 수 없어 나는 수시로 카메라를 들었다. 시간이 흐른 후에도 추억을 꺼낼 수 있다면야 지금의 수고로움은 괜찮았다. 걷는 동안 테이블 마운틴이 따라왔다. 정상은 독수리의 머리 모양이었고 양쪽의 평평한 능선은 날개를 펼친 것처럼 보였다. 아마도 어느 외국 등반객이, 보이는 모습 그대로 테이블 마운틴이라 지은 듯했다. 현지 이름은 종가푸 강(Zongaphu Gang 7,094미터)이다. 소남이 오른쪽 강을 가리켰다. 저 다리를 건너면 '스노우맨 트렉 I'이란다. 그 길은 네 개의 고개를 더 넘어야 하고, 우리가 가는 '스노우맨 트렉 II'는 일곱 개의 고개를 더 넘어야 했다.

초조(Chozo, 4,120미터)는 설산이 근사한 마을이었다. 정상 부근만 보이던 테이블 마운틴도 여기서는 전체가 보였다. 마을 앞에 초원이 넓게 펼쳐졌고 그 옆으로 강이 흘렀다. 우리나라로 치면 배산임수가 완벽

한 곳이었다. 11시쯤 되었을까. 삼삼오오 짝을 지어 학교 가는 아이들을 만났다. 여기서부터 헤디까지 두 시간쯤 걸릴 텐데 아이들은 마치 축제에라도 가는 듯한 분위기였다. 소남이 아이들에게 부탁해 우리와 사진을 찍을 수 있게 해주었다. 왠지 우리도 축제에 참여하는 기분이었다.

소남이 초조의 작은 학교를 가리키며 영화 〈교실 안의 야크〉의 촬영 장소라고 했다. 호주 이민을 꿈꾸는 교사 유겐이 어느 날 해발 4천 미터가 넘는 산골로 발령 난다. 며칠 동안 걸어서 마을을 찾아가는 동안에도 그는 불평뿐이다. 유겐은 학교의 열악한 환경에 도착한 첫날부터 돌아갈 결심을 한다. 하지만 선생님을 손꼽아 기다리던 아이들과 마을 사람들의 환대에 달라지기 시작한다. 친구들이 보내준 학용품으로 교실을 꾸미고 아이들을 가르치는 데 최선을 다한다. 영화는 결국 유겐의 호주 이민으로 끝나지만 왠지 그가 부탄으로 돌아갈 것 같은 잔잔한 여운을 남긴다.

어느새 우리가 걷는 길이 초원에서 모래로 바뀌었다. 걸음을 옮길 때마다 발이 푹푹 빠졌다. 소남이 농담으로 이곳이 히말라야 사막이라 했다. 마을로 통하는 다리가 좁아 말과 노새들은 돌아가는 길을 택했다. 멀리서 바라보니 설산과 사막의 조화가 독특했다. 걷는 장면만 떼어놓고 보면 사막이라 해도 믿을 것 같았다. 모래 위에서 우리를 지켜보던 야크는 시선을 떼지 않았다. 우리는 등을 돌려 더 위로 향했다.

'스노우맨 트렉 I'으로 가는 길

초조 마을과 테이블 마운틴

언덕에 올라서자 탄자가 한눈에 들어왔다. 마을이 위치한 자리는 꽤 넓은 평지였다. 마을 뒤로는 거대한 설산과 빙하가 있었다. 탄자는 부탄에서 가장 높은 마을이자 가장 북쪽에 있는 마을이었다. 후에 푸나카종에서 어머니 강과 만나는 '아버지 강'이 시작하는 곳이기도 했다. 탄자는 지그메 도르지 국립공원과 왕축 센테니얼 국립공원(Wangchuck Centennial National Park)의 경계이기도 했다. 새로운 국립공원에 들어선 것이다.

고산마을을 만날 때마다 늘 궁금한 게 있었다. 그 옛날, 사람들은 어찌 알고 이렇게 깊숙한 곳까지 찾아왔을까. 어떻게 이 높은 곳에서 농사지으며 정착할 생각을 했을까. 인간은 어디서나 적응한다지만 고산마을 사람들에게는 경외심마저 들었다.

소남이 마니다 앞에 섰다. 부자들은 고인을 추모하기 위해 108개의 마니다를 세우는데 이곳은 하나의 마니다 뿐이었다. 그는 삭아서 떨어진 마니다를 한참 올려다보았다. 하지만 장대가 너무 높았다. 소남은 어제부터 들뜬 목소리로 한 가지 소식을 전했다. 4대 왕의 어머니인 구인마더가 탄자에 왔다고. 그러나 우리 중 누구도 구인마더를 찾아가지 않았다. 우리에게는 그저 해가 있는 동안 조금이나마 더 쉬는 게 중요했다. 앞으로 여드레 동안 휴식 없이 가야 한다는 건 좋은 소식이 아니었다.

소남이 배낭을 벗어 던지더니 이번에도 다리 아래로 내려갔다. 그러고는 강물에 얼굴이 닿을 만큼 허리를 숙였다. 다리를 건너는 일행들을 촬영하기 위해서였다. 그는 사진 찍기 좋은 장소가 나타나면 우리보다 적극적이었다. 불탑 앞에서 사진을 찍으라고 권한 것도 그였다. 그런 소남을 볼 때마다 참 예쁜 사람이라고 생각했다. 마음이 고우니 행동도 고왔다. 아무리 숨기려 해도 걷다 보면 마음이 드러나기 마련이었다. 그가 생색내지 않아도 우리는 소남이 얼마나 잘하고 있는지 알고 있었다.

부탄은 마을마다 꼭 사원이 있었다. 마을에서 가장 높은 곳에 있는 사원은 규모도 으뜸이었다. 마을을 지나면서 배가 복어처럼 빵빵한 노새를 만났다. 새끼를 밴 것 같은데 무척 귀여워 보였다. 등이 볼록한 야크는 우리가 지날 때까지 큰 눈을 부릅뜨며 자리에서 움직이지 않았다. 분위기가 심상치 않아 얼른 내려갔다.

바브는 우리에게 자주 감동을 주었다. 헤디에서는 수박을 예쁘게 썰어내더니 이번에는 특별한 호박 수프를 준비했다. 별 모양의 뚜껑을 열자 그 안에 수프가 있었다. 겉에는 'Life is Journey'라고 씌어 있었다. 이런 낭만적인 요리사가 다 있나. 그의 말대로 삶은 여행이지 않던가. 또한, 삶은 매 순간이 선택의 연속이다. 무엇을 선택하느냐가 길을 가른다. 여러 갈래 중에서 나는 남들이 잘 가지 않는 좁은 길을 택했다. 이 좁은 길에는 큰 산도 있고 큰 강도 있고 큰 나무도 있다. 내가 택한 길에서는 걷는 게 가장 빠른 방법이다. 누군가는 힘든 길이라지만 나는 이 길이 마음에 든다. 더 좁은 길을 찾아 더 깊은 숲으로 들어가는 게 나의 여행이자 삶이다.

강에서 사진 찍는 소남

탄자 마을에서 만난 노새

요리사 바브가 준비한 호박 수프

간밤에 눈이 내렸다. 우리에겐 부탄에서 만난 첫눈이었다. 부탄에서 첫눈은 행운의 상징이라 첫눈이 내리는 날에는 모든 관공서가 쉰다. 안타깝게도 스노우맨 트레킹에서 눈은 행운이 아니었다. 눈이 내리면 말과 노새들이 위험했다. 다행히 그 정도는 아니었지만 앞으로 복병이 될 것 같았다.

우리가 출발하고 자전거 팀이 뒤따라왔다. 거의 매일 마주치다 보니 자연스럽게 인사를 나누었다. 언덕에 도착하자 그들은 '1st Ever Snowman Bike Trek'이라고 적힌 현수막을 들고 사진을 찍었다. 그 모습에 우리도 축하하며 함께 기념사진을 남겼다.

전체적으로 완만하게 올라가는 길이라 별 의심 없이 천천히 걸었다. 오늘 야영지가 5천 미터가 넘는 건 알고 있었지만 금방 도착하겠거니 했다. 기대와 달리 길이 끝날 기미가 보이지 않았다. 고개 하나 넘으면 또 다른 고개가 나왔다. 야영지가 있을 법한 곳에는 물이 없었고 그때마다 넘어야 할 고개가 기다렸다. 날이 어두워지면서 눈발이 날렸다. 얼마나 더 가야 할지 묻자 소남은 특유의 난감한 표정을 지었다. 그도 정확히 모르는 눈치였다. 무엇보다 기온이 떨어지는 게 문제였다. 배는 또 어찌나 고프던지. 5,300미터를 찍고 나서야 저 아래 우리 팀의 파란 텐트가 보였다.

오늘은 하루 만에 약 1,100미터를 올렸다. 저지대와 고지대의 1천 미터는 하늘과 땅 차이다. 일단 산소가 50%로 줄어든다. 이런 곳에서 한꺼번에 고도를 올리면 체력소모가 더 크다. 아침에 30분이라도 일찍 출발했으면 좋았을 텐데, 갈 길이 멀다고 알려줬으면 조금 더 서둘렀을 텐데 하는 아쉬움이 남았다. 하지만 소남은 우리에게 잔소리하는 법이 없었다.

사람을 무기력하게 하는 데는 추위만 한 것도 없었다. 텐트 안에 들어가서도 한동안 추위에 떨었다. 옷을 잔뜩 껴입고 아껴두었던 핫팩을 꺼냈더니 그제야 살 것 같았다.

눈 내린 탄자 마을의 아침

자전거를 지고 올라오는 스위스 팀

차갑게 빛나는 설산이 오늘따라 유달리 추워 보였다. 말과 노새들은 추운 밤을 어찌 보냈을지, 마른 풀이라도 배불리 먹었는지 모르겠다. 녀석들은 초식동물 특유의 무표정으로 한 곳만 응시했다. 이런 날에도 스태프들은 새벽부터 일어났다. 그들의 노고에 감사할 뿐이다. 자전거 팀은 조금 늦게 출발할 모양이었다. 우리가 언덕에 올라설 때까지 텐트가 그대로였다.

1시간 올라가자 넓은 초지와 함께 호수가 나타났다. 소남은 여기가 소림(Tsorim)이라고 했다. 어떤 팀은 이곳에서 야영한다는데 5천 미터가 넘는 것만 빼고는 좋아 보였다. 주변이 모두 설산이고 옥빛의 호수는 바다처럼 넓었다. 이렇게 큰 호수인데도 지도에 표시되어 있지 않아서 의아했다. 어제의 고생을 모두 잊은 채 우리는 다시 아름다운 풍경 속에 빠졌다. 좋은 곳만 나타나면 다들 도무지 떠날 생각을 하지 않았다.

높은 곳에서 야영한 덕분에 고푸 라(Gophu La 5,466미터)까지는 금방이었다. 고푸 라는 전 일정에서 최고 높은 고개였다. 너무 높아 찾는 이가 드문지, 정상에는 타르초 몇 줄 뿐이었다. 소남은 이번에도 줄이 풀린 타르초를 돌멩이에 묶었다. 불심이 깊은 그는 작은 것 하나도 그냥 지나치지 않았다. 고개 너머에는 색이 다른 두 개의 호수가 있었다. 정상 주변은 삭막함의 절정이었다. 푸른 호수를 제외하고 모두 무채색이었다. 하얀 설산과 회색빛 산에서는 아무 생기도 느껴지지 않았다.

히말라야 곳곳에 사람이 다닐 수 있는 길이 얼마나 될까. 그 길 대부분은 살기 위해 이어진 핏줄 같은 길일 터, 산에서 산으로 이어지는 길이 곧 삶이다. 동충하초를 캐고, 야크를 방목하고 때로는 물건을 내다판다. 더러 우리처럼 궁금해서 찾아오는 이들이 있을 테고. 가끔 이런 상상을 한다. 히말라야의 깊은 골짜기로 들어가 한 달을 살아보면 어떨까. 이왕이면 눈이 많이 오는 계절이었으면 좋겠다. 오도 가도 못 하고 야크 똥을 태우며 지내는 시간. 내게 용기가 더 있다면 어느 날 잠시 그렇게 살아보고 싶다.

고푸 라를 내려서자 부탄에서 가장 높은 강카르 푼섬이 보였다. 세계의 7천 미터급 산 중 인간에게 정상을 허락하지 않은 마지막 산이다. 처음에 시도했을 때는 실패했고 이후는 부탄 정부가 등반을 금했다. 우리는 자눔(Zanum 5,046미터)까지 내려왔다. 지도를 보니 남은 거리가 한 뼘도 되지 않았다. 치약 한 통을 깨끗이 비웠을 때의 뿌듯함, 작은 걸음이 모여 지도의 붉은 선을 야금야금 먹어 치우는 기분이었다. 하나의 히말라야가 끝나면 언제나 다른 히말라야로 이어졌다. 지금껏 내가 다닌 히말라야는 중복된 길이 없었다. 언제나 새로운 길이었다. 새로운 책장을 펼치듯 늘 낯선 길을 찾아다녔고, 앞으로도 그럴 것이다.

야영지에 도착한 건 오후 2시였다. 여유가 있어 이참에 소남에게 스태프들의 이름을 종카어로 적어달라고 했다. 소남은 당황해하며 다른 스태프에게 물어보았다. 종카어가 어렵다는 건 알았지만 읽는 것과 쓸 줄 아는 건 다른 모양이었다. 다행히 스무 살인 카르마가 종카어를 쓸 줄 알았다. 그는 영어도 종카어도 글씨체가 좋았다. 부탄은 발음만 다를 뿐 티베트 글자를 사용했다. 그림처럼 아름다운 티베트 글자는 흉내조차 쉽지 않았다. 그들의 이름을 종카어로 물어본 건 팁 봉투에 적기 위해서였는데, 결국 한국어와 영어만 적기로 했다.

고푸 라의 옥빛 호수와 일행들 *

치유의 온천

강이 얼마나 긴지 오전 내내 걸어도 풍경의 변화가 거의 없었다. 히말라야의 삭막한 풍경에는 호불호가 분명하게 갈렸다. 그 자체를 매력으로 생각해 만족하는 이가 있고, 어떤 이는 지루함을 견디지 못했다. 웅장한 설산과는 다른 매력이 있지만, 지루한 면도 분명 존재했다. 스위스 팀은 물 만난 물고기처럼 자전거를 타고 지나갔다. 그들 뒤로 가이드가 뛰어가는 장면이 이어졌다.

바람을 피해 야크 하우스로 들어갔다. 평소에는 돌담과 대들보만 있는데, 야크를 방목할 때는 그 위에 천막을 씌웠다. 안에는 나무판을 얹어 놓은 낮은 선반과 아궁이처럼 불을 피운 흔적이 남아 있었다. 돌담뿐이지만 안과 밖의 온도 차가 컸다. 바닥에 앉아 점심을 먹는데도 전혀 춥지 않았다. 오후 3시까지 걸을 각오가 돼 있었는데, 1시쯤 야영지에 도착하자 횡재한 기분이었다. 민추강(Minchugang 4,294미터)에는 우리 팀과 자전거 팀이 같이 있었다. 스태프들은 서로의 팀에게 피해를 주지 않는, 적당히 떨어진 곳에 야영지를 정했다. 아마도 다음날 어디에서 야영할지 미리 상의하는 듯했다.

히말라야에 걸으러 왔지만 휴식은 언제나 달콤했다. 이제는 말과 노새도 우리가 익숙해졌는지 더는 피하지 않았다. 발을 다친 한 녀석은 풀을 뜯지 못하고 앉아만 있었다. 나는 주변을 돌아다니며 초록색이 남아 있는 풀을 뜯었다. 한 움큼 뜯어다 주자 녀석은 한입에 끝내버렸다. 계절이 계절인지라 그렇게 두어 번 뜯어주고 나니 더는 풀이 없었다. 그때 멀리서 마부가 풀을 한 아름 안고 오는 게 보였다. 대장 노새는 피곤한지 꾸벅꾸벅 졸다가 누워버렸다. 한 녀석은 주방 텐트 앞에서 얼쩡거리며 남은 음식을 받아먹었다.

주방 텐트 앞에서 얼쩡거리는 노새

완만하게 시작된 오르막이 올라갈수록 경사가 급해졌다. 선명하던 길도 군데군데 끊어졌다. 먼저 출발한 자전거 팀의 가이드가 두루마리 휴지로 길을 표시하며 가고 있었지만 소용없었다. 너무 가파른 길이라 방향만 잡고 가는 수밖에 없었다. 우리는 사선으로 약간 우회하는 길을 택했다. 자전거 팀은 눈앞에 보이는 언덕까지 바로 치고 올라갔다.

속도가 답답했던지 일행 둘이 언덕까지 순식간에 올라갔다. 해소 차원에서 한두 번은 괜찮아도 그 이상은 좋지 않았다. 선두와 후미로 나뉘면 생각보다 많은 문제가 생겼다. 걷는 속도만 놓고 보면 일행 중 몇은 스태프들 못잖게 빠르게 갈 수 있었다. 그렇게 되면 선두와 후미가 심하게 벌어지고 한쪽이 위험에 노출될 확률이 높았다. 선두와 후미의 묘한 신경전도 무시할 수 없었다. 체력 좋은 사람들이 얼마나 답답해할지 누구보다 잘 알았다. 나도 불쑥불쑥 내 속도대로 걷고 싶은 마음이 올라왔으니까. 하지만 이렇게 생각할 수도 있지 않을까. 다 같이 천천히 걸은 덕분에 모두가 고소 적응을 잘하고 지금껏 안전했던 거라고.

히말라야 장기 트레킹은 고개와 고개를 연결하는 과정이기도 했다. 오늘은 무려 세 개의 고개를 넘어야 했다. 첫 번째로 만난 고개는 포드랑 라(Phodrang La 4,652미터)였다. 이제 산은 부드러운 선에서 뾰족하고 우락부락한 모습으로 바뀌었다. 맞은편 산 아래로 사람이 지나다닌 길이 선명했다. 그 위에서는 야크들이 풀을 뜯고 있었다.

두 번째 고개로 가는 길은 다시 사막을 연상케 했다. 길은 가팔랐고 말과 노새들은 더 자주 멈췄다. 부탄 히말라야에는 유독 호수가 많았다. 이번 고개에서도 호수를 만났다. 청록색 호수 뒤로 바위산이 우뚝 솟았다. 그간 히말라야에서 비슷한 풍경을 자주 보아서일까. 어쩐지 이 장면을 어디서 많이 본 듯했다. 높은 곳에서 내려다보는 호수는 검푸른 눈동자 같았다. 물은 땅에서 솟은 듯했고 그 아래는 보기보다 깊어 보였다. 세카 라(Seka La 4,820미터)에 도착했을 때 맞은편 산에도 큰 호수가 있었다. 지도를 보니 '스노우맨 트렉 I'이 지나는 길이었다. 고개 아래로 우리가 지날 마지막 고개와 호수도 보였다.

세 번째 고개 우루탕 라(Uruthang La 4,780미터)는 점심 장소였던 와르탕(Warthang 4,534미터)에서 코앞이었다. 고개를 넘자 고원이 나타났다. 장처럼 구불구불 흘러가는 물길을 따라 우리는 더 아래로 내려갔다. 자전거 팀은 우루탕(Uruthang 4,455미터)에서 고개 가까운 곳에 텐트를 쳤다. 우리 팀은 더 안쪽에 있었다. 그곳은 고원의 끝자락이라 풍경이 좋았다. 야크 하우스에 설치된 주방 텐트는 바람을 막아주는 구조여서 따뜻하고 아늑했다. 키노는 라면을 끓이려는지 채소를 썰고 있었다.

끝나는 날이 가까워지자 음식 이야기가 자주 나왔다. 회, 부대찌개, 보리밥에 청국장. 듣기만 해도 침이 넘어갔지만 나는 당장 쥐포에 맥주를 마시고 싶었다. S님이 고추장을 꺼내자 다들 눈을 반짝였다. 나는 김치든 고추장이든 간절하지 않아서 더 필요한 일행을 위해 먹지 않았다. 트레킹을 같이 다녀보면 여자분들은 항상 내가 말한 이상을 준비해왔다. 우리에게 매일 나눠주는 간식이나 고추장 역시 여자분들이 챙겨온 것들이다. 장기 트레킹에서 입맛을 잃을 것 같으면 튜브 고추장 몇 개라도 꼭 챙기기를 권한다. 당장은 필요 없을지 몰라도 기간이 길어지면 고추장만 한 것도 없었다.

포드랑 라 가는 길에 *

채소를 썰고 있는 키노

밤에 내린 눈으로 주변 산이 하얀 가루를 뒤집어썼다. 라야부터 매일 날씨가 좋았으니 이제부터 눈이 온대도 이상할 게 없었다. 우리가 넘을 네푸 라(Nephu La 4,603미터)는 코앞이라 30분 만에 도착했다. 삭막했던 고원에서 내려가자 순식간에 다른 세상이 되었다. 나무가 우거진 숲은 어두웠다. 간혹 큰 이파리에 돌멩이가 감싸진 채 바닥에 놓여 있기도 했다. 소남은 그게 행운을 뜻한다고 했다. 내려가는 길이 몹시 가팔라서 말과 노새들이 걱정됐는데 기우였다. 종소리가 들리는가 싶더니 금세 우리를 따라잡았다.

계곡까지 1,200미터나 내려왔다. 반대편으로 연결되는 다리는 위태로워 보였다. 이런 다리를 건널 때마다 누가 마지막으로 건널지 궁금했다. 이곳의 계곡과 작은 폭포는 "참 쉽죠?"라고 말하던 밥아저씨(미국 태생의 서양화가)의 풍경화를 생각나게 했다. 외길을 막고 있던 야크는 소남의 형식적인 위협에 꿈쩍도 하지 않았다. 소남이 회초리를 들자 그제야 비켜주는 척했다. 야크가 있다는 건 가까이에 민가가 있다는 뜻이었다. 역시나 강 건너에 집 한 채가 있었다. 소남은 오늘 온천을 만난다는 말을 여러 번 했다. 한 군데가 아니고 여러 군데에 작은 온천이 있다고 했다. 그의 말대로 민가가 있는 곳부터 온천이 시작되었다.

숲속의 오두막 같은 두르 사추(Dur Tshachu 3,393미터)의 무인 산장에는 방 2개와 거실이 있었다. 우리는 소남의 권유대로 방에서 자기로 했다. 스태프들은 방을 깨끗하게 쓸어내고 그 위에 방수포를 깔았다. 매트리스와 카펫, 베개까지 세팅해 놓으니 텐트 못잖게 아늑했다. 점심을 먹고 온천에 가기 위해 반소매와 반바지로 갈아입었다. 목욕용품 몇 가지도 챙겼다. 남자들은 우리가 지나왔던 곳으로 내려가고, 여자들은 더 위로 향했다. 장포 아저씨가 우리를 안내했다. 지나가는 사람은 없었지만 개방된 곳이라 조금 신경 쓰이기는 했다.

온천은 기대했던 것보다 좋았다. 네 군데 온천을 둘러보고 각자 들어갈 탕을 골랐다. 바가지로 물을 퍼다가 바깥에서 적당히 씻고 온천탕에 들어갔다. 물의 온도는 우리나라 목욕탕의 온탕과 비슷한 37도쯤 되었고 약간의 유황 냄새가 났다. 몸을 담그자 따뜻함과 나른함이 온몸을 감쌌다. 바깥은 흐린 날씨에 제법 춥기까지 한데 온천탕 안은 천국이었다. 혼자 탕 안에 있으니 실실 웃음이 났다. 히말라야에서 이런 호사라니 세상 부러울 게 없었다.

사실 히말라야 온천욕이 처음은 아니었다. 네팔 트레킹 중에도 온천욕을 했는데 땡볕이라 너무 더웠고, 남녀혼탕에 여러 인종이 섞여 번잡했다. 두르 사추는 혼자 몸을 담그며 호젓하게 단풍을 볼 수 있는 낭만이 있었다. 여러 날 머물며 할 일 없이 지내고 싶은 곳이랄까. 한편으로는 우리의 고생이 온천욕으로 치유되는구나 싶어 고마운 마음마저 들었다.

두르 사추는 8세기에 티베트와 부탄에 불교를 전파한 파드마삼바바가 목욕했다고 전해지는 곳이다. 치유 또는 치료의 목적으로 이곳을 찾는 사람들은 며칠씩 휴양하며 온천욕을 한다. 가장 가까운 마을에서 두르 사추까지는 보통 걸어서 사흘이 걸린다. 부탄 최고봉 강카르 푼섬으로 가는 오래된 트레킹 루트의 일부이기도 하다. 근처에는 모두 열네 개의 크고 작은 온천탕이 있다. 그중 전통의학연구소의 검사를 거친 일곱 개의 온천탕은 탕마다 치료 효과가 다른 것으로 알려졌다. 온천탕은 큰 탕은 다섯 명, 작은 탕은 두 명 정도 들어갈 크기다.

우리 다음으로 온천욕을 마치고 온 스태프들도 얼굴에서 빛이 났다. 특히 장포 아저씨는 더 잘생겨졌다. 소남은 얼마나 온천욕을 좋아하는지 다시 가서 2시간 후에나 돌아왔다. 스태프들을 볼 때마다 그들이 낡은 옷이 아닌 신사복을 입으면 어떤 모습일까 궁금했다. 부탄 전통복장도 멋질 것 같았다.

고양이 한 마리가 산장 안으로 들어왔다. 녀석은 저녁내 우리의 무릎 위에서 잤다. 깨끗하고 붙임성이 좋은 걸 보니 누군가가 보살피는 고양이 같았다. 저녁부터 비가 쏟아지더니 밤새 그치지 않았다. 우리가 산장에서 지낸 건 정말 신의 한 수였다. 스태프들 역시 비를 맞으며 고생하지 않아도 되어서 다행이었다.

두루 사추의 온천탕

두루 사추의 무인 산장

마지막 고비

말과 노새들이 마당에서 비를 쫄딱 맞고 서 있었다. 산 위에 구름이 가득한 걸 보니 비가 금방 그칠 것 같지 않았다. 한동안 입지 않았던 비옷을 입고 우산을 꺼냈다.

국내외를 통틀어서 이렇게 우산을 많이 쓰고 걸은 곳은 부탄이 처음이자 마지막일 듯했다. 히말라야에서 사용하는 비옷은 상하가 분리된 것이 좋다. 가격이 비싸도 고어텍스 바지와 재킷이 있으면 유용하다. 비가 올 때는 물론 진흙 구덩이에서도 거뜬하다. 바람이 불거나 추울 때 덧입기에도 좋다. 판초 우의처럼 머리부터 한 번에 뒤집어쓰는 건 걸을 때 불편하다. 땀이 금방 차고 바람이 불면 펄럭거려서 여간 성가신 게 아니다. 나뭇가지에 걸리기도 한다. 일회용 비옷도 땀이 차는 건 마찬가지고 무엇보다 내구성이 약하다.

밤새 내린 비는 산길을 엄청난 진흙탕으로 만들어버렸다. 작은 홍수가 난 것처럼 물이 철철 넘치는 곳도 있었다. 고도를 높일수록 비가 눈으로 바뀌었다. 진흙과 섞인 눈은 더 최악이어서 몹시 미끄러웠다. 와중에도 설산과 눈꽃을 보며 걷는 즐거움이 컸다. 멀리서 봐도 쿠통 라(Kutong La 4,391미터)의 경사가 만만치 않아 보였다. 우리는 어떻게든 넘을 수 있겠지만 문제는 말과 노새들이었다. 소남도 나와 비슷한 걱정을 하는 눈치였다. 자전거 팀의 말과 노새들은 사정을 아는지 모르는지 우리를 앞질러 갔다. 그 뒤로 스위스 팀이 자전거를 지고 나타났다. 이런 길을 자전거를 지고 올라오다니 대단하다는 말이 절로 나왔다.

만신창이가 된 길에서는 지금껏 잘 버티던 등산화도 속수무책이었다. 무겁고 축축한 눈은 등산화에 붙어 떨어지지 않았고 그대로 안쪽으로 스며들었다. 며칠 동안 날씨가 좋아 왁스 칠을 안 했더니 이런 일이 생겼다. 새 등산화를 빼고는 모두가 같은 사정이었다. 눈이 점점 깊어져서 우산을 접고 양손에 스틱을 잡았다. 이렇게 눈이 많을 줄 알았으면 아이젠을 챙겼을 텐데 아무도 예상하지 못했다.

정상을 바로 앞에 두고 우려했던 일이 벌어졌다. 말과 노새들이 자꾸 눈에 미끄러졌다. 이 정도로 눈이 많으면 탄자에서부터 야크로 교체한다는데, 여기서는 방법이 없었다. 말이 미끄러지자 자전거 팀 마부가 선두에 있는 말의 등짐을 내렸다. 마부는 꼼짝없이 서 있는 녀석의 목줄을 힘껏 끌어 올렸고, 우리는 아슬아슬한 장면을 숨죽이며 바라보았다. 순간 북인도에서 파랑 라(Parang La 5,550미터)를 넘을 때가 생각났다. 그때는 허벅지까지 쌓인 눈 때문에 지금처럼 정상을 코앞에 두고도 말과 노새들이 넘지 못했다. 결국, 스무 마리의 말과 노새들은 왔던 길을 되돌아가야 했다. 다행히 자전거 팀의 마부는 경험이 많은 사

람이었다. 그가 한 녀석을 끌어올리자 눈이 다져지면서 다른 녀석들도
뒤따라 올라갔다.

쿠통 라를 내려가는 스위스 팀

비좁은 정상을 지나, 내려가는 길도 만만치 않았다. 눈과 섞인 진흙은 상상을 초월했다. 물까지 줄줄 흘러서 수렁 속을 걷는 듯했다. 지금까지 만난 진흙탕은 양반이었다. 고개 아래에 줄레 호수(Djule Tsho)가 있었지만 아무런 감흥도 느끼지 못했다. 맑은 날이었으면 청록빛이었을 텐데 오늘은 시커멓게 질려 있었다. 어딘가에서 점심을 먹어야 하는데 소남은 좀 더 진행한 다음 먹기를 바랐다. 호수를 지나 다음 고개까지 눈이 그칠 확률이 있기는 할까. 나는 소남에게 호수 옆의 야크 하우스를 가리켰다. 그는 확인해 보겠다며 집으로 뛰어가더니 곧 우리를 불렀다.

밤새 눈이 얼마나 왔던지 지붕 위에 쌓인 눈이 두꺼웠다. 방목하는 계절에만 사람이 지내는 야크 하우스 안은 비교적 깨끗했다. 창고 한쪽에는 나무도 잔뜩 쌓여 있었다. 하지만 우리는 불을 피울 수 없었다. 아무도 담배를 피우지 않았고 집 어디에서도 성냥을 찾을 수 없었다. 아이러니하게도 안이 더 추웠다. 바깥은 복사열 때문에 그나마 따뜻한 편이었다. 땀이 식으면서 몸이 떨렸다. 가장 좋은 방법은 안쪽의 옷을 갈아입는 것이지만 우선은 바깥에 덧입었다. 다시 걷기 시작하면 금방 괜찮아질 테니까. 트레킹이 끝날 때가 돼서 그런지 이번 점심은 양이 부족했다. 앞사람부터 덜어낸 반찬이 마지막으로 내 앞에 도착했을 때는 거의 남지 않았다. 평소에는 이런 일이 없었는데, 하필이면 가장 힘든 날 점심이 부족해 기분이 상했다.

호수 가장자리를 따라 걷는 일도 고단하기는 매한가지였다. 말과 노새들이 싸 놓은 똥과 오줌까지 뒤섞이다 보니 그야말로 총체적 난국이었다. 얼른 빠져나가고 싶었다. 호수를 지나자 다시 경사가 급해졌다. 주변은 온통 하얀색뿐이었다. 줄레 라(DJule La 4,685미터) 가는 길에는 눈이 더 쌓여 있었다. 등산화에 붙은 눈을 털어낼수록 젖은 눈이 더욱 집요하게 달라붙었다. 발가락을 움직이는 데 느낌이 좋지 않았다. 어느새 양쪽 등산화가 다 젖고 말았다.

점심이 부실해 금방 허기졌다. 얼른 에너지 젤을 꺼냈다. 처음 산에 다닐 때 하산 후에도 물과 간식이 남아 있어야 한다고 배웠다. 그 뒤로 산행이 완전히 끝날 때까지 간식을 남겨두는 버릇이 생겼다. 끝날 때까지 끝난 게 아니기에. 2015년 네팔에서 대지진을 만났다. 우리는 마을 운동장에 대피해 있었는데, 그때 남은 간식이 정말 요긴했다. 단체로 온 팀의 어떤 이는 등산화며 중요한 장비를 포터에게 모두 내준 상태였다. 그는 쌀쌀한 날씨에도 슬리퍼로 버티는 수밖에 없었다. 히말라야에서는 언제나 최악을 염두에 둘 필요가 있었다.

오후 3시 40분이 돼서야 열여섯 번째 고개이자 이번 여정의 마지막 고개에 도착했다. 잔뜩 흐린 정상에서는 아무것도 보이지 않았다. 다시 오기 힘든 곳이라 아쉽기만 했다. 정상의 기쁨을 만끽할 여유도 없이 바로 하산을 서둘렀다. 길은 여전히 가파르고 미끄러웠다. 도대체 어디까지 내려가는 것일까. 최고의 복병은 역시나 진흙탕이었다. 눈 덮인 곳을 생각 없이 밟았다가는 발이 쑥 빠지기 일쑤였다. 내려갈수록 길은 점점 난장판이 되었다. 등산화의 눈을 털면서 걷던 나도 더는 눈을 털지 않았다. 다른 일행들 역시 자포자기한 듯 아무렇게나 눈을 밟으며 걸었다. 날은 점점 어두워지고 이제는 진흙과 야크 똥조차 구별되지 않았다.

소남이 갑자기 가던 길을 멈추더니 일행들에게 랜턴이 있는지 물었다. 나는 아마 그럴 거라고 했다. 그는 더 어두워질 것을 생각하고 있었다. 최악의 순간을 생각해 나도 랜턴을 꺼내 놓았다. 오후 5시 40분, 드디어 소첸첸(Tshochenchen 3,954미터)에 도착했다. 점심시간을 빼고 무려 9시간 40분 만이었다. 거리로는 11킬로미터 정도밖에 되지 않았다. 날씨가 좋았다면 어려운 길이 아니었다.

젖은 등산화를 벗고 텐트 안으로 들어갔다. 물기가 흥건한 바닥을 닦으려고 보니 오른쪽 바닥에 야크 똥이 한가득이었다. 웬만하면 직접 닦아낼 텐데 많아도 너무 많았다. 결국 소남을 불렀고 소남은 체링을 불렀다. 체링은 아무 일도 아니라는 듯 똥을 닦아냈다. 이런 날 하필이면 한쪽 문이 고장 난 텐트가 걸렸다. 게다가 경사가 심해 매트리스를 어떻게 놓든지 불편했다. 그래도 꿀잠을 자는 걸 보면 신기했다.

눈과 진흙이 섞인 길

이제부터 본격적인 하산이라 여름옷을 입었다. 결과적으로 좋은 선택이었다. 날이 개면서 금세 더워졌다. 풍경은 다시 숲으로 바뀌었다. 바위마다 이끼가 가득해 생기가 넘쳤다. 잠시 쉬는 동안 '스트롱맨 돌 들기 대회'라는 푯말 앞에서 J님과 소남이 시합을 벌였다. 먼저 J님이 1단계로 표시된 돌을 들어 올렸고, 소남도 이에 질세라 돌을 들었다. 1단계는 동점이었지만 2단계로 표시된 바위는 너무 커서 두 사람이 합심해도 꿈쩍하지 않았다.

우리는 숲으로 들어갔다. 숲은 더 많은 나무와 이끼로 가득했다. 내려갈수록 나무의 키도 커졌다. 말굽 버섯이 촘촘히 박힌 나무도 있었다. 우리가 감탄하자 소남은 부탄에서 저런 버섯은 장식품으로 쓴다고 장난스레 말했다. 부탄은 원시 자연환경이 남아 있는 극소수 국가 중 하나다. 세계적인 희귀종을 포함한 다양한 종이 서식한다. 버섯이 475종이나 되고, 이 중 137종이 식용이다. 특히 송이가 자랄 수 있는 최적의 환경을 가지고 있다. 부탄 사람들도 처음에는 송이의 가치를 몰랐다가 일본인들에 의해 알게 되었다. 부탄에서 송이를 '마츠다키(Matsutaki)'라는 일본말로 부르는 이유다. 부탄말로는 '상가이 샤무(Sangay Shamu)'라고 한다.

무인 산장이 있는 초초메(Chochomey 3,245미터)가 우리의 마지막 야영지였다. 자전거 팀은 이미 마을까지 내려가서 더는 만날 수 없었다.

'스노우맨 트레킹 Ⅱ'는 보통 25일이 걸리는데 그들은 22일 만에 마친 셈이었다. 스태프들은 산장 한쪽을 주방으로 쓰고 다른 한쪽은 식당으로 만들었다. 오늘 밤 그들이 잠잘 곳이기도 했다. 산장 옆 모닥불에서 젖은 등산화와 양말을 말렸다. 스태프들은 우리가 옷을 말리고 있으면 여러 방법으로 도와주었다. 막대기로 건조대를 설치하거나 말리는 걸 직접 도와주었다.

저녁에 트레킹의 성공을 축하하는 케이크가 나왔다. 이번 케이크는 장포 아저씨와 카르마의 솜씨였다. 정말이지 고마운 사람들이었다. 히말라야 어디에서도 이런 스태프들을 만나기 쉽지 않을 것 같았다. 남은 트레킹은 이제 하루뿐. 이쯤 되면 더 걷고 싶은 마음보다 얼른 내려가고 싶은 마음이 커졌다. 트레킹을 마무리할 때가 되면 기쁨보다 안심하는 마음이 먼저 들었다. 모두가 무사한 것, 내가 생각한 여정을 마무리한 것에 대한 안심이었다.

바위를 들어 올리는 J님과 소남

초초메 가는 길에 만난 숲

진흙탕 길은 마지막 날이라고 다르지 않았다. 누군가 스노우맨 트레킹을 준비한다면 당부하고 싶다. 방수가 잘 되는 신발과 스패츠를 꼭 준비하라고. 우리는 그동안 엄청난 진흙탕 길을 지났지만 놀랍게도 아무도 넘어지거나 다치지 않았다. 이렇게 긴 일정에서 기적 같은 일이었다. 천천히 함께 걸으며 서로를 배려한 덕분이었다. 날이 개면서 숲으로 빛이 쏟아졌다. 부탄의 숲은 진흙탕과 함께 오래 기억될 것 같았다.

마지막 마을 두르(Dur)에 도착했다. 우리는 서로에게 가볍게 하이파이브했다. 다들 장기 트레킹 경험이 많아서인지 덤덤해 보였다. 나는 환호성보다 이런 덤덤함이 좋았다. 현지 여행사 직원이 우리의 목에 '카타'를 걸어주었다. 우리가 타고 갈 버스 안에는 필라 사장이 보낸 양주 3병도 있었다. 그중 하나에는 그가 약속한 대로 동충하초가 들어 있었다. 트레킹 기간만 25일이었는데도 마치 어제 산에 갔다가 내려온 것 같았다. 히말라야 트레킹은 늘 그랬다. 과정은 매워도 막상 목적지에 도착하면 찰나가 되었다. 여러 날 걷다 보면 첫날과 끝날이 다르지 않았다. 시작이 끝이고 끝이 시작이었다. 삶을 지속하는 한, 비슷한 과정의 연속이었다.

이 세상 모든 것은 연결되어 있다. 지금은 작은 점인 것 같지만 언젠가는 점이 선이 되고 면이 된다. 지금의 사소한 일이 먼 훗날 연결고리가 되기도 한다. 그래서 세상에는 어떤 일도 그냥 일어나는 것 같지 않다. 어찌 보면 세밀하게 설계된 것 같기도 하다.

내가 부탄으로 오기까지 얼마나 많은 점을 찍었을까. 회사를 그만두고 히말라야로 향했던 일, 네팔에서 홍 대표님께 전화했던 일, 처음 산에 다니기 시작한 스물한 살 때 나의 모습까지. 그런 점 하나하나가 모여 이어진 게 아닐까. 여기까지 이어진 선이 내 삶의 어디까지 이어질지. 어느 만큼의 면을 채우게 될지. 이번 생에서 나는 어디까지 가게 될지 궁금하다.

팁을 줄 때면 언제나 생각이 많아졌다. 우리 수보다 더 많은 스태프에게 팁을 주려니 적잖이 부담됐다. 부탄은 같은 일정의 파키스탄, 인도, 네팔보다 기대하는 팁이 높았다. 고민됐지만 다른 히말라야 지역보다 2배 정도 주는 선에서 결정했다. 스태프들과 악수하고 봉투에 넣은 팁을 주었다. 스태프들에게도 우리에게도 처음이자 마지막인 만남이었다. 그들에게는 한 계절을 함께 한 외국인들이었을 테고, 우리에겐 부탄에서 함께 한 특별한 스태프들이었다.

말굽 버섯이 잔뜩 달린 나무

마지막 마을 두르에서

돌아가는 길

붐탕(Bumthang 2,575미터)의 '스위스 게스트 하우스'는 멋진 숙소였다. 부탄 전통양식으로 지은 건물과 잘 가꿔진 정원이 근사했다. 우리는 방에 짐만 올려두고 바로 식당으로 모였다. 이곳에 무려 생맥주가 있었다. 붐탕에서 만든다는 '레드 판다'였다. 오랜만에 마시는 생맥주는 우리를 황홀하게 했다. 저녁 뒤풀이에는 현지 여행사가 준비한 축하 케이크와 동충하초 양주가 나왔다. 오랫동안 참은 만큼 술이 술술 들어갔다. 다들 기쁘고 후련해 보였다. 나는 부탄 스노우맨 트레킹을 마지막으로 내가 계획했던 히말라야 전체 횡단을 마쳤다. 군데군데 구멍이 있지만 외국인으로서 한계가 있으니 이 정도에 만족한다.

산에서 내려오자 소남은 전통복장으로 갈아입었다. 부탄에서 가이드와 운전기사는 전통복장이 의무였다. 붐탕은 보통 2박 3일 머무는 곳인데 동쪽에서 서쪽으로 이동하는 우리는 갈 길이 바빴다. 트레킹 때와 마찬가지로 일찍 일어나서 움직였다. 환경보호를 위해 터널을 만들지 않는 부탄은, 11미터 마다 열일곱 번의 커브가 있다고 할 정도로 길이 구불구불했다.

홍 대표님이 추천한 '폽지카(Phobjikha 2,962미터)'는 빙하 활동으로 만들어진 U자 계곡이었다. 목가적인 풍경이 아름다운 곳으로 부탄 판 무릉도원이라 했다. 멸종 위기종인 검은목두루미가 10월부터 날아 드는 곳으로도 유명했다. 1시간 반 정도 짧은 산책을 하는데 배가 아프 고 식은땀이 났다. 폽지카로 오기 전 현지인에게 받아먹은 야크 치즈 때 문인 듯했다. 폽지카의 아름다운 풍경이 하나도 눈에 들어오지 않았다. 와중에 소남은 마을로 방향을 틀었다. 큰 축제가 있었는지 모인 사람이 상당했다. 그들의 차림새는 어수선하고 지저분했다. 도시에서 보던 부 탄 사람들과 차이가 커서 놀랐다. 나를 더 놀라게 한 건 쓰레기였다. 사 원 주변으로 엄청난 쓰레기가 널려 있었다. 지금까지 깨끗한 부탄만 보 다가 쓰레기로 가득한 부탄을 보니 이상했다. 게다가 쓰레기 대부분이 플라스틱병과 비닐이었다. 환경을 제일로 생각하는 부탄에서도 플라스 틱은 어쩔 수 없는 모양이었다.

저녁 무렵에 도착한 호텔에서 나는 완전히 녹초가 되었다. 난로 앞에 서도 몸이 떨렸다. 복통은 결국 설사로 이어졌다. 지금까지 경험하지 못했던 지독한 설사였다. 얼른 약부터 먹었다. 예전의 나라면 무식하 게 참았겠지만 이제는 아프면 약을 먹는다. 특히 설사 같은 건 약을 먹 고 초장에 멈추는 게 중요했다. 떨리는 몸으로 침대에 누웠다. 전기장 판이 있는 게 얼마나 감사하던지. 배는 여전히 뒤틀렸지만 따뜻함이 큰 위로가 되었다.

폽지카에서 산책하며

마을 축제 중에 만난 사람들

저녁을 건너뛰고 푹 잤더니 아침을 먹을 수 있을 정도로 좋아졌다. 창 밖을 내다보니 폽시카의 평화로운 풍경이 들어왔다. 이제야 풍경도 보이고 잘 정리된 방을 둘러볼 여유가 생겼다. 단순히 잠만 자고 떠나기에는 아까운 곳이었다. 부탄에서 가장 아쉬운 점이었다. 우리는 어느 한 날도 여유 있게 보낸 적이 없었다. 부탄은 다시 오기 힘든 곳이라 하나라도 더 보려고 애썼고, 아직 공기가 찬 이른 아침부터 출발을 서둘러야 했다.

동쪽 기슭에 있는 푸나카는 1577년부터 300년간 부탄의 전통 수도였다. 푸나카에 도착한 우리는 가장 먼저 푸나카 종부터 찾았다. 이곳은 1637년 샵드룽 냐왕 남갈이 만든 요새로, 부탄에서도 역사가 깊은 곳이었다. '행복이 가득한 성'이라는 뜻을 가진 푸나카 종은 부탄에서 가장 아름다운 종으로 유명했다. 2011년 현재 부탄의 국왕이 이곳에서 결혼식을 올리면서 더 유명해졌다. 그는 일부다처제가 허용되는 부탄에서 일부일처의 뜻을 천명해, 부탄 국민에게 사랑꾼으로 통한다.

푸나카 종이 지어진 장소는 매우 절묘했다. 라야와 루나나 지역에서 발원한 어머니 강 모추와 아버지 강 포추가 여기서 만났다. 푸나카 종은 어느 나라에서도 본 적 없는 독특한 건축양식으로 웅장하고 기품있었다. 우리가 가장 반했던 곳은 법당 내부였다. 거대한 부처상, 기둥과 벽, 천장까지 섬세하게 조각되고 채색된 무늬. 인간이 이토록 복잡한 문양을 새길 수 있다는 사실이 놀라웠다. 발길 닿는 곳마다 할 말을 잃은 것은 물론 새삼 부탄 사람들이 존경스러웠다.

푸나카 종 외관

웅장하고 기품있던 푸나카 종의 독특한 건축 양식

점심을 먹고 논두렁을 따라 걸었다. 벼를 베어낸 모양새나 짚단을 쌓은 모습이 우리나라 시골과 비슷해서 신기했다. 남근 마을(Sopsokha Village)에 들어서자 과연 벽에 그려진 남근이 가장 먼저 반겼다. 상점마다 가득 찬 남근 조각품들은 마치 인형을 늘어놓은 듯했다. 모양이나 크기, 색깔이 다양했다. 열쇠고리, 귀걸이, 티셔츠, 컵 등 온갖 것들에 남근이 그려져 있었다.

이렇게 된 데에는 치미 라캉(Chime Lhakhang)에 전해져 오는 전설과 관련이 있었다. 미친 성자라 불리는 드룩파 쿤리는 평소 활과 화살, '불타는 벼락'이라 부르는 남근상을 메고 다녔다. 그는 개 한 마리와 함께 부탄 곳곳을 돌아다니며 기행을 일삼았다. 그러다 어느 마을에 도착했을 때, 한 남자가 수행자인 그에게 카타를 걸어주며 축복을 빌었다. 드룩파 쿤리는 남자에게서 받은 카타를 자기 성기에 묶고 그에게 '많은 여인과 함께하는 행운이 깃들 것'이라 축복했다. 드룩파 쿤리는 악마를 붙잡는 것으로도 유명했다. 그는 악마가 개로 변해서 도망가는 것을 땅속에 가두고 그 위에 탑을 세웠다. 이후 그의 사촌이 탑 위에 '개가 없는 사원'이라는 뜻의 치미 라캉을 지었다. 치미 라캉에는 아직도 드룩파 쿤리의 활과 화살, 들고 다니던 남근상이 보관되어 있다고 한다. 이후 부탄에는 남근이 나쁜 기운을 없애 준다는 믿음이 생겼다. 일반 가정집 벽에도 남근 그림이 그려진 이유였다.

치미 라캉은 아이를 점지해주는 사원으로도 널리 알려져 있었다. 자식을 낳지 못하는 여인이 이곳에서 불공을 드리면 아이가 생긴단다. 소남의 말에 따르면 치미 라캉을 다녀간 외국인 중에도 아이를 낳은 부부가 꽤 된다고 했다. 그런 사실을 증명하듯 법당 안에는 아이와 부부의 사진으로 채워진 작은 앨범이 있었다.

부탄에서 감동한 것 중에는 숙소도 있었다. 히말라야에 다니는 동안 부탄에서처럼 좋은 숙소에 머문 적이 없었다. 왕두에 포드랑 종(Wangdue Phodrang Dzong)이 보이는 리조트는 상상 이상이었다. 운동장만큼 넓은 방과 웬만한 방보다 큰 화장실에 놀랐다. 부탄은 숙소 등급을 매길 때 전망이 훌륭한 곳이 좋은 점수를 받는다는데, 이곳은 풍경이 정말 근사했다. 제공되는 모든 음식은 직접 재배한 유기농 채소와 과일이었다. 직원들이 친절한 건 말할 것도 없었다.

우리는 여유가 있을 때마다 맥주를 마셨다. 부탄의 맥주가 맛있기도 했고, 아름다운 풍경도 한몫했다. 풍경 못잖게 우리를 즐겁게 한 건 L님이 마지막에 꺼낸 가문어였다. 해산물이 귀한 히말라야에서는 건어물 같은 게 일행들에게 인기가 높았다. 입이 즐거우면 마음도 즐거운 법. 평소 맥주를 마시지 않는 일행도 이번만큼은 같이 즐겼다. 트레킹을 끝내고 다 같이 모여 하하 호호 웃으며 보내는 시간. 이 또한 여행의 묘미였다.

우리나라 시골과 비슷한 부탄

남근 마을에서 판매하는 남근 조각품

치미 라캉의 승려 *

인연이란 참 신기했다. 같은 숙소에서 한국인 여성을 만날 줄이야. 게다가 그녀는 이곳 사장과 얼마 후 영국에서 결혼할 예정이라고 했다. 그 얘기를 듣는데 기분이 묘했다. 세상에는 이토록 다양한 만남이 있는데, 나는 동족끼리의 만남조차도 제한해 왔다. 돌마로 불리는 것을 좋아한 이유가 '얽매임으로부터 벗어난 여성'이라는 뜻 때문인데, 나는 누구보다도 얽매여 살고 있었다. 어쩌면 히말라야 트레킹조차 내게는 얽매임의 하나일지도 모르겠다.

아침을 먹고 이동하는 차 안에서 소남에게 사고 소식을 들었다. 우리 뒤에 있던 다국적 팀에서 50대 미국 남자가 넘어져서 죽었단다. 또 다른 팀에서는 스태프가 죽었다는 확인되지 않은 소식도 들렸다. 나는 가슴을 쓸어내렸다. 탁상곰파에서 우리가 파드마삼바바께 올린 기도 덕분이었을까. 진흙과 눈이 범벅된 곳에서 아무도 다치지 않았던 것에 다시 한번 감사했다.

도출 라(Dochul La 3,140미터)는 부탄 히말라야 파노라마를 볼 수 있는 곳으로 유명했다. 날씨가 좋지 않을 때가 많다는데 우리는 이번에도 운이 좋았다. 지난 25일 동안 우리가 지나온 길이 한눈에 들어왔다. 우리는 저 길을 걸어 낸 흔치 않은 사람들이었다. 드룩 왕걀 초르텐(Druk Wangyal Chorten)이라고도 불리는 도출 라에는 108개의 불탑이 있었다. 1973년 인도 시킴의 내란에 패배한 반군이 부탄 접경지역으로 도망쳐왔고, 부탄의 4대 국왕은 인도 정부의 요청으로 1975년 반군을 소탕했다. 108개의 불탑은 이를 기념하고 희생된 병사들의 명복을 빌기 위함이었다.

마지막 여정은 부탄의 수도인 팀푸였다. 부탄은 세계에서 신호등이 없는 유일한 나라였다. 신호등을 설치했다가 인간미가 없다는 이유로 다시 교통경찰의 수신호로 바꾸었단다. 지금은 부탄의 독특한 풍경 중 하나로 관광객이 즐겨 찾는 명소가 되었다. 당시는 교통량이 많지 않아 수신호가 가능했는데 요즘 들어 자동차가 급증했다는 소식이다. 부탄은 대도시라도 경적을 울리는 자동차가 거의 없었다. 우리가 점심 먹으러 식당으로 가는 동안에도 경적 한 번 들리지 않았다.

팀푸에서 가장 의미 있는 곳을 꼽으라면 단연 타시초 종(Tshichho Dzong)이다. 국왕의 집무실을 겸하고 있는 타시초 종은 부탄 최대의 종이다. 타쉬초는 '파란 돌로 만든 성'이라는 뜻으로 1216년 샵드룽 냐왕 남갈이 지었다. 1962년 3대 국왕이 수도를 이곳으로 이전하면서, 전통적인 방식으로 5년간 복원 및 증축공사를 했다. 전통적인 종의 건축은 설계도가 없어야 하고 쇠못을 사용하지 않는다. 이런 이유로 부탄에는 같은 종이 하나도 없다.

부탄의 여느 종과 마찬가지로 타시초 종도 복장 규정이 엄격했다. 외국인 방문객은 위아래 긴 옷을, 부탄 사람들은 전통복장을 제대로 갖춰

입어야 했다. 부탄은 스카프로 신분을 나타냈다. 빨간색과 노란색은 왕족과 승려, 노란색은 오직 왕과 제켄포만 가능했다. 주황색은 고위 관료, 초록색은 사법부, 흰색은 일반 국민을 표시한다. 가이드인 소남은 흰색 스카프를 둘렀다. 우리는 보안검색대를 통과하고 나서야 타시초종에 들어갈 수 있었다. 일반인은 사원에 해당하는 곳만 볼 수 있었는데, 푸나카 종보다 엄숙한 느낌이 강했다. 부탄의 건축양식은 같은 티베트 불교국가라도 다른 부분이 많았다. 자연에서 얻은 재료로 짓는 건 같지만 규모, 정교함, 복잡한 문양, 화려한 색채 등의 수준이 월등히 높았다. 고도로 숙련된 전문가의 솜씨였다. 실제로 부탄은 국립예술학교에서 불교와 관련한 미술을 가르친다.

　마지막으로 부다 포인트라고 하는 도르덴마(Dordenma) 좌불상을 보러 갔다. 일요일이라 입구부터 차가 밀렸다. 엄청난 인파에 정신이 혼미할 정도였다. 도르덴마 좌불상은 세계에서 가장 큰 청동좌불상이었다. '세계에서 가장'이라는 수식을 좋아하지 않는 나는 이곳이 썩 마음에 들지는 않았다. 이미 부탄에는 사원이 넘쳤고 국민의 불심 또한 남달랐다. 지역마다 있는 대표적인 사원의 규모 또한 어마어마했다. 부탄은 가난한 나라 중 하나인데 불상을 만들기 위해 쏟은 에너지와 돈, 시간을 다른 곳에 썼더라면 어땠을까 싶었다. 기반시설이라든가, 산골 마을의 교육 시설, 의료시설 확충 등. 왠지 저 거대한 불상은 부처님의 뜻도, 파드마삼바바의 뜻도 아닐 것 같았다.

　일행들이 부탄의 재래시장을 보러 간 동안 나는 호텔에 있었다. 호텔 창문으로 메모리얼 초르텐(National Memorial Chorten)이 보였다. 부탄의 3대 국왕을 추모하며 그의 모친이 만들었다고 한다. 부탄의 기본적인 여행은 종에서 시작해 종에서 끝난다고 해도 과언이 아니었다. 불상이나 초르텐 등 모든 볼거리가 불교와 관련이 있었다. 사실 내게는 이틀간의 관광이 25일간의 트레킹보다 힘들었다. 역시 나는 산에 있어야 하는 모양이다.

　아직 별이 남아 있는 새벽. 찰나였던 시간이 몇 년이나 된 것처럼 익숙해지더니 떠날 때가 되었다. 버스 안에서 꾸벅꾸벅 졸다가 공항에 도착했다. 우리는 마지막으로 소남과 악수하고 그를 한 번씩 안아 주었다. 당장은 아니어도 많이 생각날 것 같았다. 특히 소남이 흙탕물에 빠진 개미들을 건져주는 장면이 오래 남을 듯했다. 안녕, 소남. 안녕, 부탄.

도르덴마 좌불상

epilogue

2022년 10월 우리는 한국 팀 최초로 스노우맨 트레킹 Ⅱ(가장 긴 코스)를 마쳤다. 모든 과정을 세심하게 준비한 홍우석 대표님이 아니었다면 우리에게 부탄은 없었다(그는 여행사 몫의 수익을 남기지 않았다). 포기하지 않고 함께 한 분들이 아니었다면, 모두가 완주하지 못했다. 책임감 강한 스태프들이 아니었다면, 중도에 포기하는 사람이 생겼을지도 모른다. 그들 덕분에 나의 히말라야 횡단의 마지막 구간은 아름답고, 안전하고, 행복했다.

부탄 트레킹을 마치고 네팔에서 한 달을 더 걸었다. 늘 새로운 코스를 추구하는 나였지만, 동행한 이들을 위해 처음으로 예전에 다녀왔던 코스를 걸었다. 그러면서 문득 궁금했다. 그동안 나는 히말라야를 걸으면서 얼마나 많은 시간을 보내고, 몇 명의 스태프들을 만났을까?

7년 동안 트레킹 기간만 760일이고 그중 야영한 날이 270일이었다. 현지에서 만난 가이드가 30명, 스태프와 포터는 400여 명에 이른다. 말과 노새도 100여 마리나 되었다. 걸어서 넘은 4,500미터 이상의 고개와 베이스캠프 등이 100여 개, 6천 미터 이상은 네 곳이었다. 그간의 히말라야 트레킹에 1억 5천만 원이 들었다. 무엇보다 순전히 스스로 번 돈으로, 내가 생각한 히말라야 횡단 트레킹을 마칠 수 있어서 기뻤다.

히말라야에서 꽤 걸은 것 같은데도 막상 정리하고 보니 그리 긴 시간이 아니었다. 길지 않은 시간조차도 나는 늘 누군가의 도움을 받으며 걸었다. 트레킹 중에 포터들이 도망가는 불미스러운 일을 당했을 때도 도와주는 이가 꼭 있었다. 여행경비를 절감하기 위해 동행을 모집하고 있지만, 그들 덕분에 내가 원하는 곳을 모두 걸을 수 있었다. 생각해 보면 어느 한순간도 히말라야에서 오롯이 혼자였던 적이 없었다. 언제나 도와주는 사람들이 옆에 있었다. 나의 히말라야 횡단은 '모두의 덕분'이었다.

내가 걸은 히말라야 횡단은 완벽하지 않다. 나라와 나라 사이마다 큰 틈이 있고, 어쩌면 이번 생에 다 채우지 못할지도 모른다. 하지만 연연하지 않는다. 오히려 그 틈이 나를 계속해서 히말라야로 이끌 것을 안다. 나는 여전히 히말라야의 새로운 길을 찾아다닐 것이고, 그러다 정말 나의 바람대로 1만 킬로미터 히말라야 트레킹 기록을 세우더라도 지금과 다르지 않을 것이다. 그조차도 내게는 과정에 불과할 테니. 나의 40대에 이어 50대에도 히말라야에서 온전히 걸을 수 있다면, 그렇게 20년을 히말라야 기슭을 거닐 수 있다면 바랄 게 없겠다.

살다 보면 귀인이라 여기는 사람들이 있기 마련이다. 내게는 '책구름 출판사'와 편집장님이 그랬다. 벚꽃이 흐드러지게 피었던 봄밤, 전라북도 완주에서 그를 처음 만났다. 벚꽃길 아래를 걸으며 간혹 침묵이 자연스레 흐르던 대화를 나누고, 순두부에 막걸리를 마시며 나는 두서없이 히말라야 이야기를 꺼냈다. 내 이야기를 가만가만 듣던 편집장님은 책 3권의 제목을 그 자리에서 지었다.《환상의 길, 파키스탄 히말라야》,

《성장의 길, 북인도 히말라야》,《영혼의 길, 부탄 히말라야》였다. 심지어 부탄에 다녀오기도 전이었다. 3년 동안 세 권의 책이 시리즈로 나오는 동안, 그날 밤 지었던 제목은 단 한 번도 바뀌지 않았다.

편집장님은 여행자의 거친 마음을 이해했다. 그 마음이 어떻게 변해갈 지도 알고 있었다. 작가가 책과 함께 성장한다는 것이 무엇인지 알려주었 고, 히말라야 시리즈를 간절히 원했던 내게 기회를 주었다. 나의 히말라야 이야기가 그의 손을 거칠 때마다 내가 얼마나 감탄하는지. 그의 감각과 편 집과 디자인에 얼마나 설레는지. 그와 함께 미래의 책을 구상하는 즐거움 이야말로 작가로서 최고의 기쁨이라는 것을, 그는 알고 있을까.

겨울과 봄은 내가 웅녀로 지내며 사람이 되어가는 시간이다. 다녀온 히말라야 이야기를 정리하고, 새로운 히말라야를 준비하는 과정이 지 나야 비로소 다음 히말라야에 갈 수 있다. 올해는 유독 웅녀로 보내는 시간이 길고 지루했다. 쑥과 마늘을 먹으며 지내면서도 히말라야에 갈 날만을 손꼽아 기다렸다. 이 책이 나오고 한 달 뒤면 나는 히말라야로 떠난다. 올해는 히말라야에서 어떤 사람들을 만나고, 어떤 일이 벌어질 까. 그렇게 사람으로 살던 여름과 가을이 지나면, 나는 다시 웅녀가 되 어 새로운 히말라야를 준비할 것이다.

7천 킬로미터의 히말라야 횡단 여정을 함께 해주시고, 읽어 주신 독자 여러분께 깊은 감사의 마음을 전한다.

1. 부탄 여행 준비

● 준비과정

부탄은 자유여행을 제한하는 곳이라 개인이 준비할 수 있는 게 거의 없다. 우리 팀의 스노우맨 트레킹 역시 여행사에 모든 준비를 일임했다.

① 여행 기간과 목적이 정해지면 여행사에 문의한다.

② 가장 먼저 부탄행 항공권을 예약한다. 일반적으로 인도의 델리, 네팔의 카트만두, 태국의 방콕에서 부탄행을 탑승한다. 그나마도 하루 한 편이라 성수기에는 좌석을 구하기 어렵다. 부탄 국제공항은 활주로가 짧아 운항하는 비행기 크기가 작고, 좌석 역시 넉넉지 않다. 최근에는 싱가포르와 방글라데시 디카에서도 부탄행을 운항 중이다(주 1~2회).

  * 히든항공여행사는 5년간 부탄 국적기인 드룩항공 항공 대리점을 운영한 이력이 있다.

③ 부탄 정부에 여행경비를 완납한다.

④ 원칙적으로 여행 한 달 전까지 부탄 비자를 신청해야 한다.

⑤ 비자가 나오면 가이드, 운전기사, 호텔 등이 정해진다.

⑥ 정해진 날짜에 여행을 떠난다.

부탄의 일반적인 여행은 우리나라에서 출발해 돌아오는 날까지 보통 7일(부탄에서 5일 체류)을 잡는다. 우리 팀처럼 스노우맨 트레킹을 하는 경우는 30일 이상이 필요하다. 트레킹이라고 준비과정이 다른 것은 아니다. 앞에서 언급했듯이 부탄은 여행이나 출장 준비를 여행사에 일임할 수밖에 없는 구조다. 여행자들은 평소 체력 관리를 하고 트레킹 준비물을 잘 챙기기만 하면 된다.

● 여행 비용

히말라야 트레킹은 어떤 곳을, 어떤 방식으로 가느냐에 따라 금액 차이가 크다. 순수 트레킹 비용만 따졌을 때 하루에 30달러면 되는 곳이 있고, 300달러 이상 필요한 곳도 있다. 부탄은 후자에 속한다. 부탄 여행을 하려면 기본적으로 정부 로열티 수수료+세금을 내야 한다. 2022년 6월에 부탄 정부는 관광세를 대폭 인상했다. 관광세를 포함한 1일 여행비가 400달러 이상(여행 인원에 따라 변동) 필요하게 된 것이다(항공권 및 팁 제외). 부탄에서 필요한 가이드, 운전기사, 교통, 호텔, 식사 등이 포함된 금액이다. 관광세가 인상되면서 여행객이 크게 줄었지만 부탄을 찾는 사람들의 발길은 여전히 이어지고 있다. 오히려 한적해서 좋다는 평도 있다. 하지만 생계가 달린 현지 여행업계에 종사하는 사람들은 여행객을 제한하는 정책이 불만이라고 한다.

우리 팀의 여행 비용은 처음에 계획했던 800만 원에서 1인당 400만 원 이상 늘었다(항공료, 팁, 공통경비 등 모두 포함). 2022년 원화 가치 하락과 부탄 관광세 인상 때문이었다. 참고로 한국에서 부탄 관광비자를 30일 이상 받은 팀은 우리가 처음이었다.

● 가이드

일반적인 가이드는 대부분 영어 가이드다. 한국어를 할 수 있는 가이드가 20여 명 내외라고 하는데, 실제로 가능한 사람은 2명 정도다. 한국어 가이드는 팀당 하루에 100달러의 통역비가 필요하다는 것도 염두에 두어야 한다. 스노우맨 트레킹을 진행할 수 있는 가이드는 소수이며 영어 가이드뿐이다. 히말라야 트레킹에서 한국어 가이드를 고용할 수 있는 곳은 네팔뿐이라고 해도 과언이 아니다.

● 숙소

부탄의 호텔은 1성급부터 하루에 200만 원이 넘는 6성급까지 다양하다. 외국인들이 주로 이용하는 3성급 이상의 호텔은 지을 때부터 부탄 관광청(TCB, Tourism of Council of Bhutan)의 엄격한 기준을 거쳐야 하며, 매년 철저한 점검을 받는다. 부탄을 여행하는 한국인들은 보통 3성급을 이용한다. 전통방식으로 지어진 호텔은 쾌적하고 깨끗하며 직원들의 서비스가 매우 좋다. 히말라야를 품은 나라 중에서 가장 시설이 좋고 친절하다.

• 계절

부탄도 4계절이 있다. 위도상 우리나라보다 아래에 있어 겨울에 덜 춥고, 해발고도가 높아 여름에도 덜 더운 편이다. 벵골만의 영향으로 우기가 길고 남쪽은 강수량이 매우 높지만, 수도를 중심으로 주요 여행지는 여행에 지장을 줄 정도는 아니다. 부탄을 여행하기 좋은 계절은 3~6월, 9월~11월이다. 푸른 초원이나 야생화를 좋아하면 봄과 여름이 좋고, 파란 하늘과 히말라야 설산을 보고 싶다면 가을이 좋다.

• 부탄의 대표적인 단거리 트레킹

① 드룩 패스 트렉(Druk Path Trek)

- 기간 및 난도 : 5일 / 중하
- 트레킹 중에 조몰하리(7,315미터), 지추 다케(6,989미터)를 감상할 수 있다.

② 다갈라 트렉(Dagala Trek)

- 기간 및 난도 : 5일 / 중하
- 트레킹 중에 칸첸중가와 에베레스트 등을 볼 수 있다.

③ 조몰하리 트렉(Jomolhari Trek)

- 기간 및 난도 : 8일 / 중상
- 트레킹 중에 조몰하리(7,315미터), 지추 다케(6,989미터)를 감상할 수 있다.

④ 첼레 라 트렉(Chele La Trek)

- 기간 및 난도 : 3일 / 중
- 조몰하리(7,315미터), 지추 다케(6,989미터)를 감상할 수 있는 짧은 트레킹이다.

⑤ 소이 약사 트렉(Soi Yaksa Trek)

- 기간 및 난도 : 7일 / 중상
- 트레킹 중에 조몰하리(7,315미터), 지추 다케(6,989미터)를 감상할 수 있다.

⑥ 메락 삭텐 트렉(Merak Sakten Trek)
 - 기간 및 난도 : 7일 / 중하
 - 부탄에서 외딴 지역인 동부의 독특한 문화를 경험할 수 있다.

● 부탄 여행사
우리나라에서 부탄을 가장 잘 알고 있는 회사는 히든항공여행사다. 오직 부탄에 관한 것만
취급하는 곳으로, 2014년부터 여행사 대표가 부탄을 30여 차례 오가며 호텔, 차량, 가이드에
대해 훤히 꿰뚫고 있다. 여행자의 성향에 따라 상세하게 여행을 설계할 수 있는 것은 물론,
국내 방송사 현지 코디, 관공서 출장 등 풍부한 노하우를 가지고 있다.
히든항공여행사 : https://cafe.naver.com/okbhutan

2. 고소증
스노우맨 트레킹은 히말라야 트레킹 중에서도 난도 '상'에 속한다. 체력도 중요하지만 고소
적응은 그보다 더 중요하다. 자칫 목숨을 잃을 수 있기 때문이다. 고소증은 고도의 상승으로
기압이 낮아지고 산소량이 감소하면서 나타나는 증상이다. 보통 3천 미터 선후에서 증상이
나타나고, 4천 미터가 넘어가면 심해진다. 대기 중 산소량은 3천 미터에서 68%, 4천 미터에
서 60%, 5천 미터에서 53%, 8천 미터에서 36%이다.
고소증은 일반적으로 부종, 두통, 호흡 곤란, 심박 증가, 혈액 순환 장애, 구토, 설사, 복통, 근
육통, 식욕 저하, 소화 불량, 무기력, 불면증, 히스테리, 거친 꿈 등으로 다양하게 나타난다. 이
중 가장 흔한 증상은 부종, 두통, 호흡 곤란이다. 구토 증상까지 발생하면 위험 수준이다. 폐에
물이 차는 폐부종이나 뇌에 물이 차는 뇌뇌증이 발생하면 사망에 이를 수 있다.
낮에는 증상이 없다가 밤에 심각해지기도 한다. 평소 몸 상태와 다르다고 판단되면 가이드
등에게 알려서 적절한 조치를 받아야 한다. 증상이 심해지면 즉시 하산해야 하고 심각하면
헬기를 불러야 한다.

- 고소 적응 방법
- 충분한 휴식을 하며 천천히 적응하는 게 가장 좋은 방법이다. 일정한 속도로 숨이 차지 않게 걷는다. 고소 적응은 천천히 걷는 사람이 가장 유리하고, 빨리 걷고 빨리 움직이는 사람이 가장 불리하다.
- 하루에 3~4리터의 물을 충분히 마셔주는 게 좋다. 산소가 적은 고산에서는 호흡량이 많아진다. 건조한 공기와 기압의 저하가 수분 손실의 주된 이유다. 수분이 부족하면 혈액의 점도가 증가해 혈액 순환이 원활치 않다. 따뜻한 물이 좋으며 신진대사가 원활할수록 고산 적응에도 유리하다.
- 적응되기 전까지 하루에 500미터 이상 고도를 올리지 않는다. 4천 미터 전후로 고산 적응을 위해 하루쯤 휴식하는 게 좋다. 휴식할 때도 천천히 움직여준다. 그날 머무는 장소보다 약간 높은 곳에 다녀오면 좀 더 수월하게 적응할 수 있다.
- 체온을 유지한다. 몸을 따뜻하게 하고 잘 때도 모자를 써 보온에 신경 쓴다. 고소 적응 전에는 몸을 씻는 것도 금물이다.
- 고소에서는 소화가 잘되지 않는다. 한꺼번에 많이 먹는 것보다 조금씩 자주 먹는다. 음식은 혈액 속 산소 포화도를 올릴 수 있는 고(高) 탄수화물(밥, 빵, 과일, 감자 등)을 섭취하는 게 좋다.
- 담배와 술은 도움이 되지 않는다. 담배는 심폐 기능에 부정적 영향을 미친다. 술은 호흡 속도를 늦추고 심장에 무리를 준다. 알코올을 분해하느라 간의 피로 해소 기능도 저하된다.
- 고산병 관련 처방 : 두통약(아스피린, 타이레놀 등), 다이아목스(이뇨제. 부작용으로 손발이 저리는 증상이 있음. 처방전 필요), 비아그라(사람에 따라 효과와 부작용 다름. 처방전 필요), 식염 포도당(염분과 전해질 보충에 도움) 등이다.

3. 준비물(필자 기준)

〈출발 전 준비〉

- 환전 : 개인적으로 쓸 돈을 약간만 준비한다. 팁은 달러로 지급해도 괜찮다.
- 여권 분실 대비 : 여권 사본 2장(A4 그대로)과 여권 사진 2장을 따로 보관한다.
- 신용카드 : 비상용으로 해외에서 사용 가능한 카드로 준비한다.
- 데이터 로밍 : 현지 호텔 등에서 와이파이가 잘 되며 유심칩도 저렴하다. 트레킹 중에는 통신이 불가한 지역이 많아 굳이 데이터 로밍이 필요하지 않다.

〈트레킹 용품 준비〉

※ 히말라야에서는 사계절용 등산복과 장비가 모두 필요하다.

※ 장기 트레킹인 만큼 모든 준비물을 독립적으로 준비해야 서로 불편함이 없다.

※ 짐의 무게는 1인당 25킬로그램을 넘지 않도록 한다(현지 여행사마다 기준이 다르므로 확인 필요).

● **카고백/배낭/모소 가방**

- 카고백 : 100리터 이상 되어야 넉넉하게 수납하기 좋다. 내부를 대형 비닐로 감싼 후 짐을 정리하면 방수 효과가 있고 오염을 방지할 수 있다.
- 작은 카고백 : 일정이 길어질 때 중간에 짐을 보관할 용도로 필요하다.
- 당일 배낭 : 40리터 전후의 배낭이 요긴하다. 카고백과 마찬가지로 가방 안을 비닐로 감싸는 게 좋다. 걸을 때는 5~6킬로그램 정도의 무게가 적당하다.
- 배낭 커버 : 비를 만날 수 있으니 반드시 준비한다. 바람에 날아가지 않도록 고정할 수 있는 커버가 좋다.
- 보조 가방 : 여권이나 돈 등 중요한 물품을 넣고 다닐 용도로 필요하다.

- **등산화 외**
- 중등산화 : 장거리 트레킹은 발목까지 올라오는 중등산화에 딱딱한 비브람창이 좋다. 특히 스노우
  맨 트레킹에서는 진흙탕을 자주 만날 수 있으니 방수가 확실한 등산화여야 한다. 깔창과 등산화 끈
  도 여분으로 준비한다. 등산화가 불안하다면 예비 등산화를 준비하길 권한다. 오래된 등산화는 밑
  창이 떨어질 수 있다.
- 슬리퍼 : 기내, 현지 투어, 샤워, 야영지 등에서 편리하다.
- 운동화 또는 경등산화(예비용) : 필요한 사람은 따로 챙겨간다.
- 등산화 왁스 : 장기 트레킹 시 등산화 관리를 위해 필요하다(비닐장갑 필요).
- 스패츠, 아이젠, 스틱 한 쌍 : 반드시 준비한다.
- 무릎 보호대 : 예방 및 비상용으로 준비한다.

- **등산복 : 트레킹 기간이 긴 편이라 빨래할 시간이 별로 없다. 여벌 옷을 여유 있게 준비하기를
  권한다.**
- 등산복 상의 : 여름용 긴소매 2, 가을용 2, 겨울용 2
- 등산복 하의 : 여름용 긴바지 2, 가을용 2, 겨울용 1
- 기능성 내복 : 상·하 1
- 기능성 속옷 : 빨리 마르는 기능성 속옷으로 넉넉히 준비한다.
- 우모복 상의 : 두꺼운 것보다 경량 다운 재킷 2개가 유용하다. 1개는 배낭에 필수로 넣고 다닌다.
- 우모복 하의 : 야영지에서 따뜻하게 지낼 수 있다.
- 바람막이 : 바람 불 때 유용하다. 평소 배낭에 넣고 다닌다.
- 비옷 : 상·하 분리된 것이 좋다. 추울 때 덧입을 수 있다(고어텍스 재킷과 바지 추천).
- 등산 양말 : 4~5켤레. 울, 야크, 낙타, 산양 털 등의 소재로 준비한다.
- 멀티 스카프 : 2개. 체온 유지 및 바람이나 햇빛 차단에 필요하다.

- **모자/장갑/수건**
- 챙 넓은 모자 : 햇빛과 빗물(눈)을 차단할 수 있다. 히말라야는 자외선이 강하다.
- 보온용 털모자 : 2개 정도. 고지대에서 꼭 필요하다.
- 장갑 : 여름용 1, 가을용 2, 겨울용 1
- 수건, 손수건 : 잘 마르는 소재로 챙긴다. 저지대는 더워서 땀을 많이 흘린다.

- **야영 장비**
- 텐트 : 1인 1텐트. 현지 여행사가 준비한다.
- 매트리스 : 현지 여행사가 준비하지만 은박 돗자리를 챙겨가면 좋다.
- 침낭 : 충전재 1,300그램 이상의 동계 침낭이 필요하다.
- 베개 : 현재 여행사가 준비한다.
- 핫팩 : 비상용으로 4~5개 챙기는 게 좋다.

- **트레킹 시 필요한 장비**
- 헤드 랜턴 : 여유분으로 하나 더 챙긴다(건전지 또는 보조 배터리 포함).
  선글라스 . 자외선이 강하므로 짙은 색이 필요하다. 반드시 여유분을 하나 더 준비한다.
- 손목시계 : 고도시계 등. 트레킹 시 휴대전화보다 시간 확인에 유용하다.
- 물통 1리터 1개+커버 : 추울 때 따뜻한 물을 부어 침낭 안에 넣고 자면 좋다.
- 핫워터백 : 현지 여행사가 준비한다.
- 야외용 방석 : 중간에 휴식할 때 유용하다.
- 우산 : 비가 자주 내려 반드시 있어야 한다.
- 휴대용 정수기 : 모든 물을 끓여서 제공하기 때문에 준비하지 않아도 된다.

- **카메라/메모리/배터리(부탄 전압 : 인도와 같은 230V, 변압기 필요 없음)**
- 카메라 및 메모리 : 트레킹 시 미러리스 카메라 정도가 덜 부담스럽다.

- 배터리 : 충전이 여의치 않으므로 여유 있게 준비한다.
- 보조 배터리 : 10,000mAh 3개 이상(용량 표시가 없으면 공항 검색대에서 압수될 수 있다). 전기가 들어오는 지역이 제한적이므로 여유 있게 준비한다.
- USB 케이블 : 이동하면서 망가질 수 있으니 여유 있게 준비한다.
- 카메라 충전기 : USB 케이블로 충전 가능한 제품이 유용하다.
- 태양광 충전기 : 운행시간이 길고 비가 자주 내려 태양광 충전이 수월치 않지만 챙기기를 권한다.

● **세면/세탁**
- 칫솔, 치약 : 장기 트레킹일 경우 여유분을 준비한다.
- 클렌징 티슈 : 선크림 지우는 용도로 일정에 맞게 준비한다.
- 비누, 샴푸 : 야영 중에는 씻을 곳이 많지 않으니 약간만 준비한다.
- 빨랫비누 : 여건이 되면 빨래를 해두는 게 좋다(가루비누는 환경오염 문제가 있다).
- 빨랫줄 : 등산용 끈이나 튼튼한 노끈을 준비한다. 활용도가 높다.
- 빨래집게 또는 큰 옷핀 : 빨래 널 때 요긴하다.
- 세탁소 철제 옷걸이 : 몇 개 챙겨가면 빨래 널 때 편리하다.
- 고무장갑 : 고산에선 물이 차갑다.

● **화장품 및 위생용품**
- 보습크림 : 자외선이 강하고 건조하므로 반드시 준비한다.
- 입술크림 : 고산에서 입술이 갈라지면 식사할 때 고생한다.
- 선크림 : SPF50+, PA+++ 등 차단 지수가 높은 것으로 준비한다.
- 동전 티슈 : 씻을 여건이 좋지 않다. 날짜에 맞춰 필요한 양만큼 준비한다.
- 화장지 : 여행사에서 챙겨주지만, 일정에 맞게 개인적으로 준비하는 게 편하다.
- 생리대(여성)/면도기(남성) : 필요한 경우 준비한다.

● **간식류**

- 간식(육포/초콜릿/사탕/소시지/미숫가루/껌 등) : 취향대로 준비한다.

- 음료(커피, 홍차, 주스, 밀크티, 블랙티 등) : 현지 여행사가 제공한다.

- 끓인 물을 그냥 마시기 부담스러우면 둥굴레차 등을 챙겨간다.

- 부식 : 부탄 음식은 한국인의 입맛에 잘 맞는 편이다. 고추장이나 라면 등을 챙기면 입맛을 잃었을 때 도움 된다.

● **비상약 : 평상시 자기에게 필요하지 않은 약이라도 종류별로 반드시 준비한다.**

- 지사제 : 모든 물이 끓여서 제공되나, 비상용으로 준비한다.

- 유산균 : 장이 민감한 사람은 유산균을 넉넉히 준비하여 꾸준히 복용한다. 변비나 설사가 심할 때 도 도움 된다.

- 두통약, 감기약, 소화제, 항생제, 소염진통제, 파스, 근육이완제, 입술포진연고, 고소증 예방약(다이아 목스, 비아그라 등), 상처 연고, 밴드(크기별), 반창고, 붕대 등 상비약을 준비한다.

- 피로회복제(비타민B군) : 체력적으로 무리가 따르는 트레킹이므로 반드시 챙기는 것이 좋다.

- 비타민C : 신선한 과일과 채소가 부족할 수 있으니 챙겨간다.

● **기타**

- 수첩, 필기구 : 필요한 경우 여행 기록용으로 준비한다.

- 자물쇠 : 번호 자물쇠가 좋고 이동 시 필요하다(여유분 필요).

- 손톱깎이, 반짇고리, 라이터(비상용으로 준비. 항공사 별 기준이 다르므로 확인 필요)

- 큰 비닐봉지 : 빨래 및 등산화 등을 넣을 때 좋다.

- 지퍼 백(크기별로) : 소소한 물건 및 남은 음식을 담을 때 유용하다.

- 다용도 칼 : 비상용으로 준비한다.

- 아로마 오일 : 자기 전 침낭에 뿌려주면 숙면에 도움 된다.

부록2. 부탄 히말라야 트레킹 일정

날짜	일차	일정	숙박	시간	Km	걸음 수
2022.9.29	1	비행 : 인천 - 델리	호텔	-	-	-
2022.9.30	2	델리에서 휴식	호텔	-	-	-
2022.10.1	3	비행 : 델리 - 파로Paro(2,200) / 상초코르 불교대학 Sangchoekor Buddhist College(2,800) - 파로 종Paro Dzong 야경	호텔	-	-	-
2022.10.2	4	도보 : 탁상 곰파Taktsang Gompa(3,140) / 차량 : 팜하우스 (Farm House, 점심) - 타종(Tadzong)	호텔	-	-	-
2022.10.3	5	차량 : 파로 - 첼레 라Chele La(3,780) - 사나Shana(구닛사와 마을, 2,892)	캠핑	-	-	-
2022.10.4	6	사나 - 싱카랍Shingkharab(3,059) - 탕탕카Thangthangkha Camp(3,618)	캠핑	8	18	26,951
2022.10.5	7	탕탕카 - 장고탕Jangothang(조몰하리 BC, 4,106)	캠핑	5:30	14	21,445
2022.10.6	8	고소적응일 : 장고탕 - 소푸 호수Tsho Phu Lake(4,350) - 장고탕	캠핑	3	9	13,235
2022.10.7	9	장고탕 - 넬레 라Nyele La(4,880) - 링시Lingzhi(4,010)	캠핑	7:30	17	24,092
2022.10.8	10	링시 - 링시 종Lingzhi Dzong(4,300) - 고율 라Goyul La(4,060) - 고율Goyul - 체비사Chebisa(3,990)	캠핑	5	13	18,555
2022.10.9	11	체비사 - 곰부 라Gombu La(4,440) - 쇼무탕Shomuthang(4,220)	캠핑	7	15	21,592
2022.10.10	12	쇼무탕 - 자레 라Jare La(4,785) - 로부탕Robluthang(4,160)	캠핑	4:30	13	14,118
2022.10.11	13	로부탕 - 신체 라Sinchey La(5,015) - 리미탕Limithang(4,163)	캠핑	8	14	20,932
2022.10.12	14	리미탕 - 라야Laya(3,922)	캠핑	4:30	13	18,781
2022.10.13	15	라야에서 휴식	캠핑	-	-	-
2022.10.14	16	라야 - 아르미 포스트Army Post - 로도푸Rodophu(4,270)	캠핑	9	18	27,460
2022.10.15	17	로도푸 - 수모 라Tshumo La(4,878) - 라담 라Ladam La(4,906) - 나리탕Narithang(4,911)	캠핑	7	11	17,079

날짜	일차	일정	숙박	시간	Km	걸음 수
2022.10.16	18	나리탕 - 강라카충 라Gangla Karchung La(5,120) - 타리나Tarina(4,099)	캠핑	7	15	22,650
2022.10.17	19	타리나 - 워체Wochey(3,911)	캠핑	6:30	17	24,582
2022.10.18	20	워체 - 케체 라Kechey La(4,661) - 테가Tega(4,100) - 헤디Lhedi(3,728)	캠핑	6:30	14	20,496
2022.10.19	21	헤디 - 초조Chozo(4,120) - 탄자Thanza(4,165)	캠핑	6	16	23,782
2022.10.20	22	탄자 - 준제Djundje(4,540) - 캠프Camp(5,225)	캠핑	8	17	25,087
2022.10.21	23	캠프 - 소림Tsorim(5,225) - 고푸 라Gophu La(5,466) - 자눔Zanum(5,046)	캠핑	6	13	19,646
2022.10.22	24	자눔 - 사람Saram(4,900) - 민추강Minchugang(4,294)	캠핑	5	13	18,852
2022.10.23	25	민추강 - 포드랑 라Phodrang La(4,652) - 세카 라Seka La(4,820) - 와르탕 Warthang(4,534) - 우루탕 라Uruthang La(4,780) - 우루탕Uruthang(4,455)	캠핑	6	11	16,587
2022.10.24	26	우루탕 - 네푸 라Nephu La(4,603) - 두르 사추Dur Tshachu(온천, 3,393)	캠핑	4	11	15,614
2022.10.25	27	두르 사추 - 쿠통 라Kutong La(4,391) - 줄레 호수Djule Tsho - 줄레 라DJule La(4,685) - 소첸첸Tshochenchen(3,954)	캠핑	9:30	11	17,316
2022.10.26	28	소첸첸 - 초초메Chochomey(3,245)	캠핑	7	18	27,512
2022.10.27	29	초초메 - 두르Dur(2,650) / 차량 : 붐탕Bumthang(2,575)	호텔	4:30	11	16,775
2022.10.28	30	차량 : 붐탕 - 트롱사Trongsa(2,200) - 폽지카Phobjikha (1시간 30분 하이킹)	호텔	-	-	-
2022.10.29	31	차량 : 폽지카 - 푸나카Punakha(1,280) - 푸나카 종Punakha Dzong	호텔	-	-	-
2022.10.30	32	차량 : 푸나카 - 도추 라Dochu La(3,140) - 팀푸Thimphu(2,320) - 도르덴마(Dordenma) 좌불상	호텔	-	-	-
2022.10.31	33	팀푸 - 파로 / 비행 : 파로 - 델리	-	-	-	-
2022.11.1	34	비행 : 델리 - 인천(+1)	-	-	-	-

* 트레킹 시간은 점심시간 제외임.   * 거리는 필자의 보폭 기준으로 측정되어 오차가 있을 수 있음.

년도	트레킹	주요 정상(Ri), 고개(La), 베이스캠프(BC)
2014년 18일 266km	티베트 카일라스	Dolma La 5,630
	네팔 무스탕	Nyi La, 4,010 / Mui La, 4,170 / Marang La, 4,350 / Gyu La, 4,077
2015년 28일 309km	네팔 쿰부 2리 2패스	EBC 5,364 / Kala Patthar 5,550 / Cho La 5,420 / Gokyou Ri 5,483 / Renjo La 5,360
	네팔 랑탕, 고사인쿤드	Cherko Ri 4,984
2016년 77일 884km	네팔 돌포	Numala La 5,309 / Bagala La 5,169 / Nagdalo La 5,350 / Mt. Crystal Dolma La 5,200 / Sela La 5,095 / Khoma La 4,460 / Shimen La 4,260 / Mola La 5,030 / Niwas La 5,120 / Jungben La 5,550 / Bhima Lojun La 4,460
	네팔 다울라기리 BC	Thapa pass 5,244 / French Pass 5,360 / Dhaulagiri BC 4,748
	네팔 가네시 히말	Khurpudanda Pass 3,710 / Pangsan Pass 3,830
	네팔 마나슬루/춤밸리	Mu Gompa 3,700 / Manaslu BC 4,400 / Larke La 5,135
	네팔 안나푸르나 어라운드	Tilicho Lake 4,920 / Thorong La 5,415 / Lubra Pass 3,772
2017년 118일 1,406km	네팔 칸첸중가 지역	Cinelaptsa La 4,640 / Mirgin La 4,480 / Sinion La 4,646 / Selele La 4,480 / Pangpema(Kanchenjunga BC) 5,143 / Nango La 4,776 / Lumbasamba Pass 5,159
	네팔 마칼루 지역	Makalu BC 4,870 / Serpani Col BC 5,688 / East Col 6,100지점 / Keke La 4,170 / Khongma La 4,260
	네팔 쿰부 살파 라	Salpa La 3,350 / Surke La 3,085
	네팔 롤왈링 지역	Tashlabtsa La 5,755
	네팔 랑탕/할렘부 지역	Laurebina Pass 4,610
	네팔 돌포 지역	Nagdalo La 5,350
	네팔 무구 지역	Yambur La 4,813 / Nyingma Gyanzen La 5,563 / Yala La 5,414 / Chyargo La 5,150
	네팔 홈라 리미밸리	Nyalu La 5,001 / Lamaka La 4,300
2018년 194일 1,783km	네팔 안나푸르나 3패스	Kang La 5,322 / Mesokanto La 5,245
	네팔 간자 라/틸만 패스	Ganja La 5,130 / Tilman's Pass 5,308
	네팔 마칼루 몰룬 포카리	Molun Pokhari 3,954
	네팔 마칼루 3Cols	East Col 6,180 / West Col 6,190 / Amphu Labtsa 5,845
	네팔 쿰부 2패스 1리	Lhotse South BC 5,100지점 / Chhukung Ri 5,550 / Kongma La 5,540 / Cho La 5,420 / Ngozumba Tsho 4,990
	파키스탄 낭가파르바트 북면 BC/남면 BC	Beyal Camp 3,550 / Rupal BC 3,550
	파키스탄 비아포/히스파 빙하	Hispar La 5,150
	파키스탄 발토로빙하	Trango BC 3,900 / Broad Peak BC 4,850 / K2 BC 4,980 / G1, G2 BC 5,156 / Gondogoro La 5,625

년도	트레킹	주요 정상(Ri), 고개(La), 베이스캠프(BC)
2018년 194일 1,783km	파키스탄 기타 BC	K6, K7 BC 4,300 / Amin Braq BC 4,318 / Rakaposhi BC 3,450
	네팔 무스탕 테리 라/사리붕 라	Teri La 5,595 / Kyumupani Pass 5,297 / Damodar Pass 5,467 / Sribung La 6,042
	네팔 안나푸르나 나문 라	Namun La 4,850
	네팔 잘자라 패스/도르파탄	Jaljala Pass 3,414 / Phalgune Pass 3,915 / Jang La 4,535
	네팔 하돌포 카그마라 패스	Kagmara Pass 5,115
	네팔 고사인쿤드 18호수	Laurebina Pass 4,610
2019년 145일 1,398km	파키스탄 심샬패스	Shimshal Pass 4,745
	파키스탄 스판틱 BC	Spantik BC 4,310
	파키스탄 라톡 BC	Latok BC 4,400
	파키스탄 탈레라	Thalley La 4,876
	파키스탄 이크발탑	Iqbal Top 4,850
	인도 라다크/스피티	Prinkti La 3,750 / Yokma La 4,720 / Kanji La 5,250 / Pitug La 5,020 / Parfi La 3,900 / Pandang La 5,150 / Nialo Kontse La 4,850 / Gotonda La 5,100 / Morang La 5,250 / Hormoche 4,900 / Kyamayuri La 5,430 / Kostse La 5,380 / Yalung Nyau La 5,440 / Parang La 5,550
	인도 시킴 라바라/그린 레이크	Lavala Pass 4,657 / Green Lake 4,783
	인도 종그리/고에차 라	Jongri Top 4,171 / Goecha La View Point 4,500
	네팔 마르디 히말/ABC	Mardi Himal BC 4,250 / ABC 4,130
	네팔 고프라 단다/모하레 단다	Kopra Danda 3,660 / Mohare Danda 3,320
2022년 133일 960km	파키스탄 낭가파르바트 어라운드	Muthath Pass 4,965 / Jailpur Pass 4,840 / Karu Sagar Pass 4,982
	인도 스피티 밸리	Lamo La 4,769 / Lalung 4,750
	인도 핀바바 패스	Pin Bhaba Pass 4,900
	인도 람카가 패스	Lamkhaga Pass BC 4,500
	인도 칼린디 칼 패스	Kalindikhal 5,950
	부탄 스노우맨 트레킹	Nyele La 4,880 / Goyul La 4,060 / Gombu La 4,440) / Jare La 4,785 / Sinchey La 5,015 / Tshumo La 4,878 / Ladam La 4,906 / Gangla Karchung La 5,120 / Kechey La 4,661 / Gophu La 5,466 / Phodrang La 4,652 / Seka La 4,976 / Uruthang La 4,780 / Nephu La 4,603 / Kutong La 4,391 / DJule La(4,685)
	네팔 안나푸르나 어라운드	Tilicho Lake 4,920 / Thorong La 5,415 / Lubra Pass 3,772
	네팔 고프라 단다/모하레 단다	Kopra Danda 3,660 / Mohare Danda 3,320
	네팔 마르디 히말	High Camp 3,900

단행본

『Trekking in the Indian Himalaya』Garry Weare, Lonely Planet, 2009

『나는 계속 걷기로 했다』거칠부, 궁리, 2018

『부탄과 결혼하다』린다 리밍, 미디스북스, 2011

『부탄에서 내 영혼을 만나다』노미경, 초록인, 2015

『성장의 길, 북인도 히말라야』거칠부, 책구름, 2022

『세상에서 가장 아름다운 여행』제이미 제파, 꿈꾸는 돌, 2003

『어떤 행복』린다 리밍, 곰출판, 2015

『오딧세이 월드2 부탄』단정석, 두르가, 2016

『오은선의 한 걸음』오은선, 허원북스, 2022

『우리는 부탄에 삽니다』고은경, 이연지, 김휘래, 공명, 2022

『행복을 부탄해』조은정, 답, 2018

『행복한 라디오』리사 나폴리, 수이북스, 2013

『행복한 붓다의 나라, 부탄 순례기』회정, 하늘북, 2020

『히말라야에서 차 한잔』브리타 다스, 문학의숲, 2011

『히말라야 도전의 역사 Fallen Giants』모리스 이서먼·스튜어트 위버, 조금희·김동수옮김, 하루재클럽, 2015

영상

[세계테마기행] 천상의 왕국을 찾아서, 부탄 1~4부(2013.10.28)

[세계테마기행] 히말라야 전설의 왕국, 부탄 1~4부(2015.05.18)

[세계테마기행] 은둔의 왕국 부탄 1~4부(2017.10.20)

[영화] 교실 안의 야크(2020)

[유튜브] 최준영 박사의 지구본 연구소 부탄 1~5부

[유튜브] The Snowman Trek, The Most Challenging Trek In The World

[지식채널e] 별것 없는 나라

웹사이트

[나무위키] 부탄 https://namu.wiki/w/부탄

[나무위키] 예티 https://namu.wiki/w/예티

[네이버 지식백과] 부탄 탁상 곰파-히말라야의 은둔의 왕국을 찾아가는 길(세계의 걷고 싶은 길, 김남희)

[네이버 지식백과] 초모라리산 [Chomo Lhari Mt.] (두산백과 두피디아)

[봅보신문] 18.괴승 드룩파 쿤리와 치미라캉 http://www.beopbo.com/news/articleView.html?idxno=78050

[부탄이야기(히든항공여행사)] https://cafe.naver.com/okbhutan

[오마이뉴스] https://omn.kr/21idy

[연합뉴스] https://www.yna.co.kr/view/AKR20221014138700077?input=1195m

[위키백과] 강카르푼섬 https://ko.wikipedia.org/wiki/강카르_푼섬

[위키피디아] 부탄의 남근 그림 https://en.wikipedia.org/wiki/Phallus_paintings_in_Bhutan

[위키피디아] 스노우맨 트레킹 https://en.wikipedia.org/wiki/Snowman_Trek

[한국산악회] 세계의 명산 http://www.cac.or.kr/board/board_view.php?BoardID=39&BoardSeqNo=6821

부탄 국가대표 농구팀과 델리 공항에서

scene 1

상초코르 불교대학에서 스님들과 함께

scene 2

즐거운 점심시간

scene 4

장고탕에서 스태프들과 함께

scene 5

부탄의 가을 앞에서

scene 6

우산을 쓰고 걷다가

scene 7

수모 라 정상에서

scene 8

라담 라 정상에서 강라카층을 배경으로

scene 9

강라카충 라에서 일행들과 셀카를 찍으며

scene 10

강라카충 라에서 스태프들과 함께

scene 11

웅장한 타리 강 청록빛 빙하 호수를 배경으로

scene 12

초조 마을에서 학교가는 아이들과 함께

scene 13

탄자 마을의 불탑 앞에서

scene 14

빙하 호수에서 *

scene 16

소림의 옥빛 호수 앞에서 *

scene 17

세카 라 가는 길에

scene 18

눈을 피해 야크 하우스에서 점심을 먹으며
scene 19

8시간 만에 도착한 마지막 고개에서

scene 20

트레킹을 마치고 붐탕에서 생맥주를 마시며 *

scene 21

아름다운 푸나카 종에서

scene 22

푸나카 종 뷰포인트에서

scene 22

왕두에 포드랑 종을 배경으로 숙소 앞에서

scene 23

"지금의 순간들이 언젠가는, 어떻게든 연결된다."

거칠부 히말라야 오지 전문 트레커